Aktuelle sozialökonomische Strukturen, Probleme und Entwicklungsprozesse in Mecklenburg-Vorpommern

SCHRIFTENREIHE
DER GESELLSCHAFT FÜR DEUTSCHLANDFORSCHUNG
BAND 51

Aktuelle sozialökonomische Strukturen, Probleme und Entwicklungsprozesse in Mecklenburg-Vorpommern

Herausgegeben von

Karl Eckart und Helmut Klüter

Duncker & Humblot · Berlin

Die Deutsche Bibliothek – CIP-Einheitsaufnahme

Aktuelle sozialökonomische Strukturen, Probleme und Entwicklungsprozesse in Mecklenburg-Vorpommern / hrsg. von Karl Eckart und Helmut Klüter. – Berlin : Duncker und Humblot, 1996
(Schriftenreihe der Gesellschaft für Deutschlandforschung ; Bd. 51)
ISBN 3-428-08975-8
NE: Eckart, Karl [Hrsg.]; Gesellschaft für Deutschlandforschung: Schriftenreihe der Gesellschaft . . .

Fotoprint: Color-Druck Dorfi GmbH, Berlin
Printed in Germany

ISSN 0935-5774
ISBN 3-428-08975-8

INHALT

Vorwort ... 7

Bruno Benthien
Hauptetappen der Kulturlandschaftsentwicklung in Mecklenburg-Vorpommern ... 11

Wolfgang Weiß
Mecklenburg-Vorpommern: Bevölkerungsgeographischer Überblick ... 17

Dieter Brunner
Entwicklung der Siedlungsstruktur in Mecklenburg-Vorpommern ... 27

Gertrud Albrecht und Wolfgang Albrecht
Die Entwicklung der Landwirtschaft in Mecklenburg-Vorpommern - Zwischenbemerkungen zum Transformationsprozeß - ... 37

Lukas Kaltenbach
Grundsatzfragen der Wirtschaftspolitik in Mecklenburg-Vorpommern ... 53

Petra Hintze
Aktuelle Umstrukturierungsprobleme in der Industrie der Kammerregion Neubrandenburg ... 61

Jens Regg
Beschäftigungsstrukturen und Probleme in den ländlichen Räumen Mecklenburg-Vorpommerns ... 67

Jürgen H. Klöckner
Strukturen der Verkehrsnetze und aktuelle Verkehrsprobleme in Mecklenburg-Vorpommern ... 75

Hans Obenaus
Verkehrliche Konsequenzen des Suburbanisierungsprozesses im Raum Rostock ... 97

Martin Bütow
Aktuelle Bedeutung und Probleme des Tourismus in Mecklenburg-Vorpommern ... 109

Arend Hübener
Aktuelle Probleme der Raumordnung und Landesplanung in Mecklenburg-Vorpommern ... 123

Konrad Billwitz
Konzepte für eine umweltgerechte Landnutzung in Mecklenburg-Vorpommern ... 129

Lydia Neugebauer
Das regionale Raumordnungsprogramm Vorpommern ... 139

Stephan W. Schmidt
Exkursionsprotokoll Rügen ... 143

Verfasser und Herausgeber ... 147

VORWORT

Die Fachgruppe Geographie und Raumplanung in der Gesellschaft für Deutschlandforschung führte in der Zeit vom 27. bis 28. Oktober 1995 ihr sechstes Symposium durch. An der Ernst-Moritz-Arndt-Universität Greifwald wurden aktuelle sozialökonomische Strukturen, Probleme und Entwicklungsprozesse in Mecklenburg-Vorpommern behandelt.

Der vorliegende Band enthält alle in Greifswald gehaltenen Referate und auch den Bericht über die Exkursion, die am zweiten Veranstaltungstag auf die Insel Rügen führte.

Die Referenten waren sowohl Angehörige der dortigen Universität als auch Mitarbeiter in Verwaltungen sowie Ämtern und ausgewiesene Kenner unterschiedlicher Problembereiche. So konnte ein umfassendes Bild der sozialökonomischen Strukturen Mecklenburg-Vorpommerns vermittelt werden.

Der seit jeher agrarisch geprägte Raum war vor dem Zweiten Weltkrieg durch großbetriebliche Strukturen gekennzeichnet und innerhalb des Deutschen Reiches nicht nur für Berlin, sondern für das gesamte Deutsche Reich ein Versorgungsgebiet für landwirtschaftliche Erzeugnisse.

Auch zur Zeit der DDR (1949 bis 1989) war dieser Raum ein wichtiger Versorgungsraum für die übrige DDR. Bodenreform (1945 - 1948), Kollektivierung (1952 - 1960) und industriemäßig produzierende Landwirtschaft hatten die agrarischen Strukturen völlig verändert; doch nach diesem Transformationsprozeß kam es mit der deutschen Vereinigung im Jahre 1990 zu einer weiteren Transformation, die wiederum große Veränderungen zur Folge hatte bzw. hat. Die Agrarwirtschaft ist trotz allem aber noch der dominierende Wirtschaftsbereich.

Der industrielle Sektor hingegen konnte sich bis in die Gegenwart hinein nur punktuell entwickeln. Die Verarbeitung landwirtschaftlicher Produkte ist erwähnenswert. So hatte die Nahrungsgüterindustrie eine gewisse Bedeutung. An der Ostseeküste entstand zwar schon relativ früh die Werftindustrie, und die Hafenstädte Rostock, Wismar und Stralsund hatten auch schon zur Zeit der Hanse große Bedeutung. Doch auf das Hinterland konnten sie wegen der fehlenden Wasserstrassenanbindung auch kaum entwicklungsfördernd einwirken. Und trotz der besonderen Anstrengungen zur Zeit der DDR mit dem Bau des neuen Hafens Rostock und anderer größeren Investitionen ist - auch auf Grund der fehlenden Rohstoffe - eine industrielle Entwicklung kaum erfolgt. Nach der deutschen Vereinigung kam es mit der Auflösung der Kombinate und der Etablierung neuer Unternehmen infolge der äußerst starken Konkurrenz zu zahlreichen Schließungen von Industriebetrieben.

Von wirtschaftlicher Bedeutung ist seit jeher der Fremdenverkehr. Die gesamte Küstenregion war schon am Ende des vorigen Jahrhunderts über die Grenzen Deutschlands hinaus bekannt. Zu Zeiten der DDR war sie die wichtigste Region in diesem tertiären Sektor. Nach der deutschen Vereinigung wurde auch diese Möglichkeit wirtschaftlicher Betätigung wieder besonders bedeutsam. Auf-, Aus- und Umbauten der zahlreichen Anlagen des Bäderwesens legen davon Zeugnis ab.

Die gewaltigen Umbrüche im sozialökonomischen Bereich seit der deutschen Vereinigung und die nun völlig veränderten Rahmenbedingungen in allen Lebensbereichen sowie die perspektivischen Entwicklungsmöglichkeiten machen die Raumordnung zum Instrument geordneter Entwicklungsprozesse. In mehreren Beiträgen wird dieser Aspekt angesprochen.

Für die Erstellung der druckfertigen Textvorlage bin ich Frau Petra Hilger zu großem Dank verpflichtet. Fast alle Karten mußten umgezeichnet und in eine akzeptable Vorlage gebracht werden. Das hat wieder - wie bisher schon mehrfach - äußerst zuverlässig und korrekt Herr Harald Krähe besorgt. Dafür sei auch ihm an dieser Stelle gedankt.

Karl Eckart Helmut Klüter

Abbildung 1
Deutschland und seine Bundesländer (Stand: 31.10.1990)

Abbildung 2
Topographie Mecklenburg-Vorpommerns

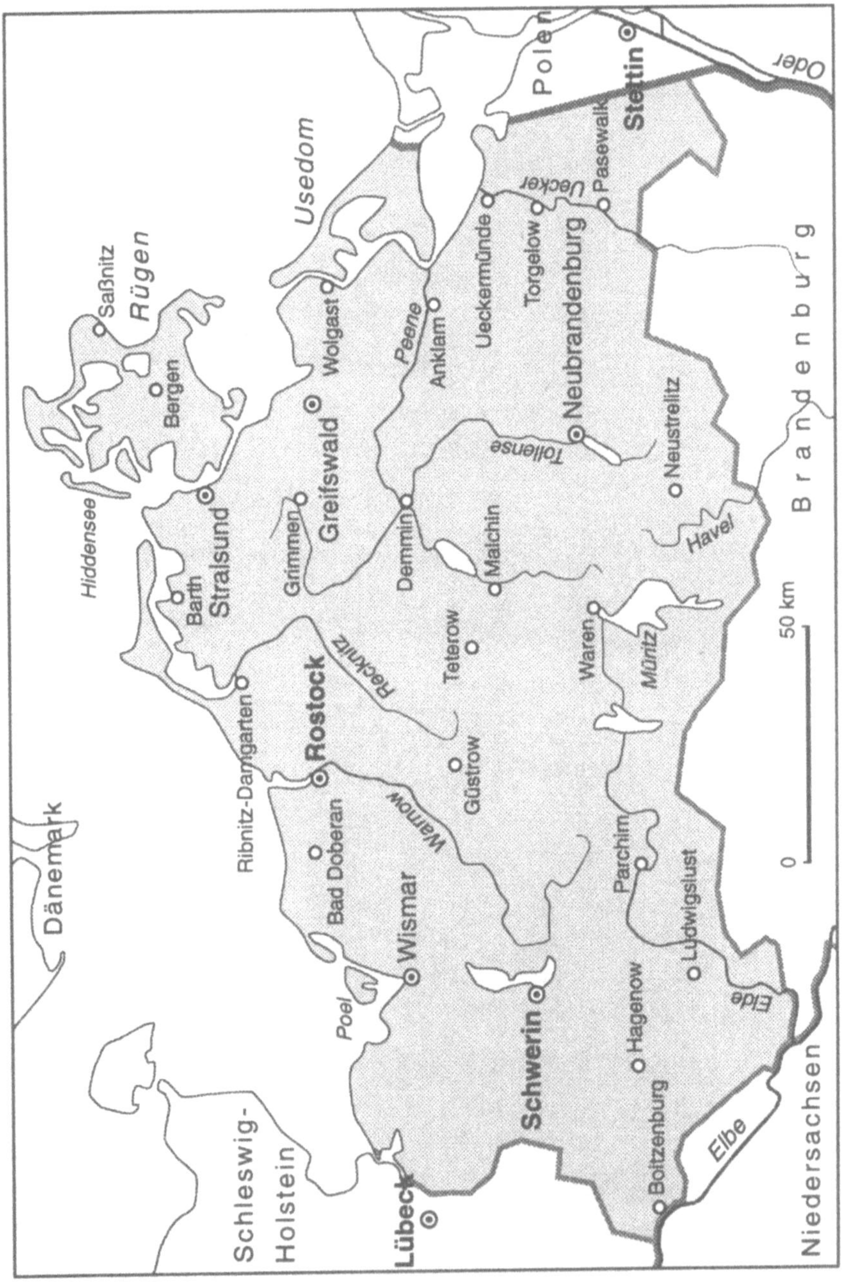

Bruno Benthien

HAUPTETAPPEN DER KULTURLANDSCHAFTSENTWICKLUNG IN MECKLENBURG-VORPOMMERN

Unter "Kulturlandschaft" verstehen Geographen[1] die "höchste Integrationsstufe der anthropogenen Geofaktoren. Die Kulturlandschaft entsteht durch die dauerhafte Beeinflussung, insbesondere auch die wirtschaftliche und siedlungsmäßige Nutzung, der ursprünglichen Naturlandschaft durch menschliche Gruppen und Gesellschaften im Rahmen der Ausübung ihrer Grunddaseinsfunktionen. ... Die Kulturlandschaft erhält ihre regionale Ausprägung insbesondere durch die Wohnfunktion (Art und Verteilung der menschlichen Siedlungen), die Art der wirtschaftlichen Tätigkeit (agrarische Landnutzung, Rohstoffgewinnung, Industrie und Gewerbe) und die Ausbildung des Verkehrsnetzes. Insofern ist sie einem ständigen Wandel unterworfen".

In der Kulturlandschaft drückt sich für Einheimische wie für Fremde die Identität einer Region aus. Unter dem Blickwinkel des Regionenmarketing und einer dafür notwendigen USP (= unique sales position) könnte man auch sagen: "Kulturlandschaft ist das jeweils unverwechselbare Bild einer Region". Dabei gilt es zu beachten, daß "jeweils" einen historischen Zeitpunkt, "Region" einen geographischen Raum bedeutet. Demzufolge müßte man eigentlich immer von "historischen Kulturlandschaften" sprechen[2], deren Eigenart sich aus zwei Faktoren ergibt[3]: "zum einen aus den natürlichen Standortgegebenheiten wie Relief, Geologie, Bodengüte oder Wasserhaushalt, zum anderen aus menschlichen Einflüssen wie der planmäßigen Nutzung, Bebauung und Pflege des Vorgefundenen". Dabei wird das Bild der Kulturlandschaften stets durch das Auftreten oder die Vergesellschaftung bestimmter ihrer Elemente bestimmt, z.B. Alleen, Bauernhäuser, Dorfanger und Dorfteiche, Gutsparks, Hecken und Findlingsmauern, Obstwiesen, Stadtgrundrisse und -ansichten, Wallanlagen und Wüstungen.

Erinnert sei in diesem Zusammenhang daran, daß wir auch schon mit dem Wort "Landschaft" allein[4] "den Inbegriff von mehr oder weniger gleichartiger Beschaf-

---

1 Vgl. Diercke-Wörterbuch der Allgemeinen Geographie 1984, Bd. 1, S. 332-333

2 Vgl. das Bundesnaturschutzgesetz von 1976, § 2, Absatz 13

3 Vgl. Wöbse, Hans Hermann: Die Erhaltung historischer Kulturlandschaften und ihrer Elemente. In: Umwelt und Kulturlandschaft, 1994, S. 38

4 Vgl. Schmithüsen, Josef: Handbuch der naturräumlichen Gliederung Deutschlands, 1. Lieferung 1953, S. 3

fenheit, also den Typus eines Landstriches (meinen), eines konkreten Teiles der Erdoberfläche mit allem, was dessen Wesen oder "Totalcharakter" (Alexander von Humboldt) ausmacht. Dazu gehört Naturgegebenes und vom Menschen Geschaffenes, der "Erdraum (Robert Gradmann in Anlehnung an Carl Ritter) mit seiner ganzen dinglichen Erfüllung, das gesamte "Agglomerat von Bestandteilen der sechs Naturreiche" (Ferdinand von Richthofen). Und: "Den Namen Naturlandschaft möchten wir auf den Begriff der vom Menschen nicht oder nicht wesentlich mitgestalteten Landschaft beschränken. Urlandschaft ist die Naturlandschaft der Vergangenheit, die vor der Entwicklung einer bestimmten Kulturlandschaft an deren Stelle bestanden hat"[5].

Die Entwicklung der historischen Kulturlandschaft Mecklenburgs und Vorpommerns begann mit der Besiedlung des Landes nach dem durch weltweite Klimaänderungen bedingten Zurückweichen der letzten Inlandvereisung und umfaßt einen Zeitraum von mehr als 6000 Jahren. Spuren der vorgeschichtlichen Besiedlung sind noch in Bodendenkmalen erhalten. Für die Jungsteinzeit des südlichen Ostseegebietes, aus der uns zahlreiche Großsteingräber überkommen sind, ist die Zeitspanne von 4000 bis 1800 v.u.Z. anzusetzen. Die Großsteingräber häufen sich in bestimmten Gebieten, so im Bereich der jüngeren Endmoränen oder auf der Insel Rügen. Das läßt erkennen, daß diese Gegenden unter den damaligen Bedingungen für Ackerbauer wirtschaftlich nutzbar waren. In diesen Räumen konzentrieren sich auch die aus der folgenden Bronzezeit stammenden Hügelgräber.

Markante und in der Landschaft auffällige Siedlungsreste der slawischen Zeit (7.-11.Jh.u.Z.) sind die vielen Burgwälle. Als befestigte Plätze bildeten sie die Zentren kleiner Siedlungsräume, die in den lateinisch abgefaßten frühen Urkunden als "terrae", also Herrschaftsbereiche, bezeichnet werden. Neben der Schutz- und Handelsfunktion kamen ihnen auch kultische Aufgaben zu. Herausragendes Beispiel dafür ist die Jaromarsburg auf Kap Arkona, das 1168 von den Dänen eroberte und zerstörte Hauptheiligtum der Westslawen. Nicht übersehen werden dürfen als Elemente der Kulturlandschaft auch die zahlreichen slawischen Ortsnamen auf -ow, -itz und -in. Sie wurden - ebenso wie manche Flurnamen - von den später einwandernden Deutschen übernommen.

Den Grund für die dauerhafte Herausbildung der heute vorhandenen mecklenburgischen und vorpommerschen Kulturlandschaft legte ohne Zweifel die deutsche Ostkolonisation im 12. und 13. Jahrhundert, eine für ihre Zeit gewaltige Migration von West nach Ost. Sie fixierte das heute noch vorhandene Netz ländlicher und städtischer Siedlungen ebenso wie die Siedlungsformen (Haus-, Dorf- und Flurformen, Stadtgrundrisse) als wichtigste Elemente der vorindustriellen Kulturlandschaft. Das Niederdeutsche Hallenhaus hat in Mecklenburg über Jahrhunderte hindurch das Dorfbild geprägt.

---

[5] Alles zitiert nach Schmithüsen, ebenda, S. 4

Entscheidend für die ländliche Kulturlandschaft Mecklenburgs wurde in den folgenden Jahrhunderten die grundsätzlich unterschiedliche Entwicklung in den ritterschaftlichen und domanialen Gebieten. Sie ist Ausdruck des "agrarischen Dualismus" in Deutschland, auf den mit Nachdruck *Friedrich Mager* in seinem bis heute grundlegenden Werk[6] verweist. Im Gebiet der "Ritterschaft" waren die Interessen der Grundherren auf ihre Eigenwirtschaft gerichtet. Das führte schließlich zur Leibeigenschaft der bäuerlichen Bevölkerung und zur Beseitigung der bäuerlichen Siedlungen, ließ gleichzeitig aber schon im 18. Jh. die Marktproduktion agrarischer Erzeugnisse aufkommen. Im "Domanium" blieb das landesherrliche Interesse an den Abgaben und Diensten der "Hauswirte" bestehen, wirtschaftliche Innovationen erfolgten äußerst langsam. Erst um die Mitte des 19. Jh. vollzog sich mit der Separation und Vererbpachtung der bäuerlichen Hufen die Anpassung an die Erfordernisse der Marktwirtschaft. Die domanialen Bauerndörfer erfuhren jedoch durch die Ansetzung von Büdnern (seit Mitte des 18. Jh.) und von Häuslern (seit 1864) erhebliche Vergrößerungen, die das Dorfbild bis heute nachhaltig bestimmt haben.

In Vorpommern vollzog sich eine analoge, wenn auch im einzelnen durch andere territoriale Einbindungen abgewandelte Entwicklung (Zugehörigkeit zum Herzogtum Pommern, Übergang unter schwedische Herrschaft nach dem Dreißigjährigen Krieg, schrittweise Angliederung an Preußen im 18. und 19. Jh.). Diese Unterschiede waren jedoch nicht so gravierend, daß *Friedrich Mager* sie besonders herausgearbeitet hätte. Und auch in den verdienstvollen, auf Mecklenburg und Pommern bezogenen Arbeiten von *Franz Engel*[7] wie in den Brandenburg einschließenden Untersuchungen von *Anneliese Krenzlin*[8] spielen die Gemeinsamkeiten der Kulturlandschaftsentwicklung im heutigen Nordostdeutschland eine weitaus größere Rolle als die Unterschiede. Die Mehrzahl der mecklenburgischen und vorpommerschen Städte konnte bis zum 19. Jh. den Charakter von Ackerbürger- und Landstädten mit geringen zentralörtlichen Funktionen für ein begrenztes Umland nicht abstreifen. Ausnahmen machten die Residenzstädte (wie Schwerin, Güstrow, Ludwigslust oder Neustrelitz, die beiden letzteren im 18. Jh. als solche gegründet), die Hafenstädte (wie Rostock, Wismar und Ribnitz, Barth und Wolgast nach der Hansezeit besonders im 18./19. Jh. als Getreideausfuhrhäfen) und die sog. "Vorderstädte" (wie Parchim und Neubrandenburg) mit bestimmten zentralörtlichen Vorrechten. Auf den städtischen Feldmarken erhielten sich die mittelalterlichen Flureinteilungen unverändert bis zur Mitte des 20. Jh. Im 19. Jh. erlebten die

---

6 Vgl. Mager, Friedrich: Geschichte des Bauerntums und der Bodenkultur im Lande Mecklenburg, Berlin: Akademie-Verlag 1955

7 Vgl. Engel, Franz: Deutsche und slawische Einflüsse in der Dobbertiner Kulturlandschaft, Kiel 1934 (= Schriften des Geographischen Instituts der Universität Kiel, Band II, Heft 3); Engel, Franz: Erläuterungen zur historischen Siedlungsformenkarte Mecklenburgs und Pommerns. In: Zeitschrift für Ostforschung, 1953, S. 208-230

8 Vgl. Krenzlin, Anneliese: Historische und wirtschaftliche Züge im Siedlungsformenbild des westlichen Ostdeutschland unter besonderer Berücksichtigung von Mecklenburg-Vorpommern und Sachsen. In: Frankfurter Geographische Heft 27.-29. Jg. 1955

Städte eine geringe Industrialisierung, ohne daß diese nachhaltig größere Bedeutung erlangte. Kennzeichnend für das 19. Jh. wurde indessen die starke Abwanderung von Bevölkerung aus Mecklenburg in westlicher Richtung (ihre Zahl wird mit rd. 350 000 angesetzt) sowohl nach Hamburg als auch nach Übersee. In den 30er Jahren des 20. Jh. führte die Rüstungsindustrie in einigen Städten, z.B. in Rostock, zu einer Scheinblüte.

Die ländliche Kulturlandschaft Mecklenburgs erfuhr bereits erhebliche Veränderungen durch die Siedlungsbewegung zwischen den beiden Weltkriegen (Aufsiedlung von Gütern und Einrichtung von Kleinbauernstellen) und die damit verbundene Zuwanderung von (überwiegend katholischen) Siedlern aus dem Westen des Deutschen Reiches. Auch in Vorpommern ging in den Gebieten des Großgrundbesitzes eine umfangreiche "innere Kolonisation" vor sich. Hier kamen die Zuwanderer zu einem großen Teil aus den nach dem Ersten Weltkrieg abgetretenen Ostprovinzen Preußens.

Eine durchgreifende Umgestaltung erfolgte sodann durch die Bodenreform der Jahre 1945/46 mit der Enteignung der Landbesitze über 100 ha Größe und deren Aufteilung in Kleinbauernstellen von 8 bis 10 ha. Dabei darf nicht übersehen werden, daß sich die Bevölkerungszahl im Lande durch Flüchtlinge, Aus- und Umsiedler aus den Gebieten östlich der Oder gegenüber 1939 verdoppelt hatte und diese ihr Besitztum bereits durch den Krieg verloren hatten. Das sog Neubauernbauprogramm nach 1949 führte zu einer erheblichen Vergrößerung der ehemaligen Gutsweiler. Als positiv in demographischer Hinsicht muß der Prozeß der Durchmischung der einheimischen und zugewanderten Bevölkerungen in der nächsten Generation bewertet werden.

Die sozialistische Epoche zwischen den fünfziger und neunziger Jahren brachte dem Land die Kollektivierung der Landwirtschaft mit industriemäßigen Produktionsmethoden und eine dementsprechende Umgestaltung der ländlichen Siedlungen durch Wirtschaftsbauten und semiurbane Wohngebäude sowie die erneute großflächige Einteilung der Fluren ein. An Siedlungsschwerpunkten konzentrierten sich die infrastrukturellen Einrichtungen. Die Städte erfuhren eine planwirtschaftlich gelenkte Industrialisierung, die in Verbindung mit dem dort an den Stadträndern lokalisierten Wohnungsbau eine starke Land-Stadt-Wanderung der Bevölkerung auslöste.

Die in dieser Weise gewordene heutige Kulturlandschaft Mecklenburg-Vorpommerns befindet sich seit 1990 in einem neuen Transformationsprozeß, der noch von widersprüchlichen Tendenzen bestimmt wird: Deindustrialisierung, hohe Arbeitslosigkeit, besonders in den ländlichen Gebieten, Geburtenrückgang und Abwanderung jüngerer Bevölkerung auf der einen Seite, Herausbildung neuer, der sozialen Marktwirtschaft angepaßter Strukturen und Zuwanderung auf der anderen Seite. Die Revitalisierung der Innenstädte scheint angesichts der Abschöpfung der Kaufkraft durch die großflächigen Einzelhandelseinrichtungen an der Peripherie der Städte (in der Zone der "Wildnis" J.H.v.Thünens)[9] schon nicht mehr möglich. Und in den suburbanen Bereichen liegt auch gegenwärtig bereits das Schwergewicht des individuellen Wohnungsbaus mit der Gefahr einer flächenhaften Zersiedlung der Landschaft mit ubiquitärer "Bausparkassenarchitektur", die die regionale Identität der Bevölkerung verringert.

Fest steht jedoch, daß bestimmte Linien der bisherigen Entwicklung für die zukünftige Regionalentwicklung eine große Bedeutung haben und Eingriffe in die bestehende Kulturlandschaft einer sorgfältigen Beachtung der Erfahrungen aus ihrer bisherigen Geschichte mit ihrer jeweiligen regionalen und lokalen Spezifik bedürfen. In diesem Sinne sprechen Wissenschaftler auch von einer "Rückkehr der Geschichte", d.h. daß der Transformationsprozeß in den Ländern Osteuropas "vorsozialistische", zum Teil Jahrhunderte zurückreichende Ungleichgewichte und Trennlinien im Raum wieder aufdeckt oder von neuem aktiviert. Der Rückzug der Industrie aus der Fläche, die Beibehaltung der großflächigen Landwirtschaft mit geringem Arbeitskräftebedarf, der vom Bevölkerungsverlust insbesondere im dünn besiedelten ländlichen Raum ausgelöste Rückbau der sozialen und technischen Infrastruktur (Netz der Schulen, ÖPNV)[10] sind meines Erachtens Anzeichen für eine derartige "Rückkehr der Geschichte" auch bei uns.

Für die künftige Entwicklung der Kulturlandschaft Mecklenburg-Vorpommerns und insbesondere für die vom Raumordnungsgesetz der Bundesrepublik Deutschland geforderte "Schaffung gleichwertiger Lebensbedingungen der Menschen in allen Teilräumen" ist davon auszugehen, daß die landwirtschaftliche und die erholungsorientierte Nutzung der vorhandenen Potentiale Konstanz beweisen werden. Für die Industrie gibt es in Mecklenburg-Vorpommern gebietsgebundene branchenspezifische Standortfaktoren nur für die Nahrungsgüterindustrie, die Baumaterialienindustrie, die Holzindustrie und, an der Küste, die Werftindustrie. Neu hinzukommen müßten Hoch- und Höchsttechnologie, aber möglicherweise auch Entsorgungsgewerbe und mit Gefahren verbundene Produktionen. Für alle genannten Standortfaktoren gilt jedoch, das sie im europäischen Kontext an der östlichen Außengrenze der Europäischen Union wettbewerbsfähig genutzt werden können. Konstanz- zumindest bisher - hat auch die Nutzung von Flächen für militärische Zwecke bewiesen. All das wäre zu beachten, wenn man den Blick von der Vergangenheit über die Gegenwart auf die Zukunft unserer Kulturlandschaft richtet!

---

[9] Vgl. Thünen, Johann Heinrich von: Der isolierte Staat in Beziehung auf Landwirtschaft und Nationalökonomie, Rostock 1828

[10] ÖPNV = öffentlicher Personen-Nahverkehr

Wolfgang Weiß

MECKLENBURG-VORPOMMERN: BEVÖLKERUNGS-GEOGRAPHISCHER ÜBERBLICK

Vorbemerkung

Die bevölkerungsgeographische Situation hat sich in den Gebieten Ostdeutschlands seit der "Wende" radikal verändert. Das betrifft nahezu alle strukturellen und prozessualen Momente. Selbst bei der Verteilung gibt es gegenüber sonst eher stabilen Grundmustern zumindest erhebliche inhaltliche Abweichungen. Diese Entwicklung besitzt eine sehr starke Dynamik und läuft darüber hinaus, insbesondere auf der lokalen Ebene, vielfach derart dramatisch ab, daß Interpretationen und Wertungen, wenn sie mit Hilfe des traditionellen Instrumentariums erfolgen, zwangsläufig versagen müssen. Das kann für ein Land, wie Mecklenburg-Vorpommern, in welchem sich die historische sowie die aktuelle Gliederung und Bewegung der Bevölkerung gegenüber der Gesamtbevölkerung Deutschlands stark unterscheiden, demographische Maßstäbe also ohnedies anders als in Verdichtungsräumen und Ballungsgebieten anzulegen sind, katastrophale Folgen haben. Will man üblichen Bewertungen demographischer Verteilungen, Strukturen und Prozesse folgen, so ist Geburtenüberschuß Ausdruck für soziale Sicherheit und Wohlstand, dann kann Wanderungsgewinn nur Reflektion wirtschaftlichen Aufschwungs sein. Zwar relativiert sich diese Position bereits bei einem noch so flüchtigen Blick auf einige Entwicklungsländer, doch bleibt sie in der Politik und in den Medien mit Bezug auf Deutschland relativ ungerührt.

1. Strukturprobleme als historisches Erbe

Von unterschiedlichen Standpunkten oder Irritationen bei der Bewertung abgesehen dürfte unbestritten bleiben, daß die gegenwärtigen bevölkerungsgeographischen Verhältnisse in den ländlichen Regionen Nordostdeutschlands vielfach zurecht als bedenklich charakterisiert werden. Zuweilen entsteht aber der Eindruck, daß diese Problematik erst Resultat der Grenzöffnung von 1989 und der Vereinigung Deutschlands ist. Tatsächlich ist seitdem im Land Mecklenburg-Vorpommern und insbesondere in Vorpommern der relative Verlust an Bevölkerung durch Abwanderungen besonders hoch, ist der negativ bewertbare Übergang im generativen Verhalten besonders drastisch. Die aktuellen Vorgänge sind jedoch großenteils

Ausdruck von Entwicklungen, die bereits lange vor 1989 einsetzten und mit einer gewissen Persistenz nachwirken. Angesichts der Überlagerung dieser älteren Strukturen mit der gegenwärtigen Anpassung an die bundesdeutsche Normalität ist es durchaus gerechtfertigt, von einer strukturellen demographischen Krise zu reden.

Die Ursachen, welche zur Herausbildung dieser Situation führten, sind vielschichtig. So dürften das Küstenhinterland Vorpommerns unter Einbeziehung der unmittelbar daran anschließenden Teile Meckleburgs die wohl ländlichste Region Deutschlands sein. Das bezieht sich sowohl auf die geringe Bevölkerungsdichte insbesondere in den Teilräumen zwischen sehr weitständigen Zentren, als auch auf die traditionelle Wirtschaftsstruktur, in der die Beschäftigtenanteile in der Landwirtschaft bis 1990 in den Gemeinden vielfach über 50% lagen. Chancen für die Entwicklung urbaner Lebensqualität im ländlichen Raum gab es zumeist nur in den knapp bemessenen Randzonen um die größeren Zentren, in den touristisch geprägten Teilräumen insbesondere an der Küste sowie an den wenigen Standorten der industriemäßig produzierenden Landwirtschaft. Die Kennzeichnung "ländlichst" schließt aber auch mit ein, daß der qualitative Abstand und bzw. oder der strukturelle Nachholebedarf gegenüber postindustriellen Strukturen in anderen Regionen Deutschlands besonders groß ist und/oder anders bewertet werden sollte.

In einem über mehrere Jahrzehnte nahezu starren Rahmen bildeten sich relativ stabile demographische Prozesse mit einer gewissen Eigendynamik heraus. In der Verknüpfung mit soziologischen Faktoren ergaben sie komplexe Mechanismen, die zu einer permanenten gleichförmigen Einflußnahme auf das demographische Potential der ländlichen Gemeinden führten. Die bedeutsamste Komponente in diesem Kontext war - neben einer gewissen Kompensation durch höhere Fruchtbarkeit - die stetige selektive Abwanderung aus dem ruralen Raum. Sie war wie folgt strukturiert:

1. Die Abwanderung vom Dorf war sehr stark altersspezifisch determiniert. Sie wurde vorrangig von Einsteigern ins Berufsleben getragen. Je geringer das nichtagrare Arbeitsplatzangebot am Heimatort war, desto stärker wurde der Migrationsdruck der Schulabgänger. Damit wurde zugleich ein Wettbewerb um die attraktivsten Ausbildungsplätze ausgelöst, der weitgehend den bildungspolitischen Zielen der DDR-Zeit entsprach und durchaus als eine leistungsbezogene Bildungsgerechtigkeit interpretiert werden kann.

2. Die Abwanderung war stark qualifikationsorientiert. Die schulische Abgangsleistung kann als strenger Katalysator für die soziale Plazierung angenommen werden, da sie gemäß der gesellschaftlichen Rahmenbedingungen vor 1990 für lange Zeit die Qualität des beruflichen Lebensweges vorherbestimmte. Das Streben nach einer guten beruflichen Position vermittelte also zugleich zwischen der gezeigten Leistung und dem Migrationspfad. Sofern die schulische Leistung als Indikator für die intellektuelle Disposition aufgefaßt werden kann, dürfte sie somit auch als ein Kriterium intellektueller Selektion angenommen werden.

3. Die Abwanderung war sexuell differenziert. Hier wirkten offenbar zwei Momente gleichzeitig. Einerseits war die Tätigkeit in der landwirtschaftlichen Primärproduktion für Mädchen wenig attraktiv, andererseits wurden ihnen in der Regel bessere schulische Abgangsleistungen bescheinigt, womit die bessere Abwanderungschance vermittelt wurde.

Damit sind die wichtigsten demographischen Strukturprobleme der Landgemeinden Mecklenburg-Vorpommerns angesprochen:

a) Überalterung: Die Bevölkerung der gesamten Region weist zwar nach wie vor eine der günstigsten Altersgliederungen in Deutschland auf, doch beruht diese weitgehend auf der statistischen Dominanz von Stadtkreisen und einigen andere Zentren. Viele der übrigen Gemeinden wurden aber bereits 1987 als "demographische Krisengemeinden" ausgewiesen, d.h. sie waren schon damals funktional als gesellschaftliche Einheiten existenzgefährdet[1].

b) Deformierungen in der Sexualstruktur: In über 80% aller Gemeinden, die bis 1990 als Agrargemeinden anzusprechen waren, bildete sich in unterschiedlicher Ausprägung in den demographisch aktivsten Altersgruppen (22-35 Jahre) ein Männerüberschuß von 22-33% (1987) heraus (vergleichsweise DDR 1989: 6,5%; BRD 1989: 5,7%).

c) Qualifikationsdefizite: Die Mehrheit der Bevölkerung im ländlichen Raum bzw. in den ehemaligen Agrargemeinden ist, gemäß der bisherigen Tätigkeit, auf die Landwirtschaft orientiert. Abgesehen vom fehlenden Investitionskapital können Umschulungen, wie sie seit vier Jahren laufen, derart kurzfristig kaum den Übergang zu einer modernen Dienstleistungsgesellschaft bereiten. Zudem sind gerade die unter b) erwähnten "überschüssigen" Männer überhäufig äußerst gering qualifiziert und/oder gehen - falls überhaupt - einer Arbeit mit geringen intellektuellen Ansprüchen nach. Darüber hinaus ist für die ländlichsten Teile der Region noch ein besonderes Phänomen zu nennen, das für einzelne Standorte ein ernstzunehmendes Entwicklungshindernis ist: das überhäufige Vorkommen geistig Behinderter. Lag ihr Anteil in der DDR zwischen 2,5% und 2,8%, so wurde für den Kreis Grimmen ein Anteil von 4%, ohne die Kreisstadt sogar von über 6% nachgewiesen. In einigen Gemeinden des Landkreises Stralsund (beide Kreise gehören heute zum Kreis Nordvorpommern) betrug der Anteil dieser Gruppe allein bei Schülern über 15%. In diesem Fall findet wohl auch eine migrationelle Negativselektion statt, denn der Personenkreis ist ausgesprochen seßhaft[2]. Allerdings sollte das Problem nicht überbewertet werden, denn es fehlt noch an hinreichender Erklärung.

---

[1] Weiß, W.: Typisierung der territorialen Bevölkerungsreproduktion in den Nordbezirken. - 1987. - Greifswald, Univ., Sekt. Geographie. - (Forschungsbericht G3, unveröff.)

[2] Weiß, W.: Bevölkerungsentwicklung im ländlichen Raum Ostdeutschlands am Beispiel der Region Vorpommern - Aktuelle Prozesse, Potentiale und Restruktionen für die Raumentwicklung. - In Gans, P. und F.-J. Kemper (Hrsg.): Mobilität und Migration in Deutschland. - Erfurt 1995. S. 115-133 - (Erfurter Geographische Studien; 03.1995)

2. Ausgangslage 1990

Mit Wiedererlangung der deutschen Einheit lebten in Mecklenburg-Vorpommern 1.932.590 Menschen (03.10.1990). Hinsichtlich demographischer und bevölkerungsgeographischer Eckdaten kann man innerhalb der Bundesrepublik Deutschland von einem Land der Extreme sprechen: Die Bevölkerungsdichte von 82 EW/km^2 ist die mit Abstand geringste (BRD: 222 EW/km^2); hinsichtlich der Altersstruktur finden wir hier die jüngste Bevölkerung mit dem geringsten Anteil an Altersrentnern (in fast allen Kreisen z.T. weit unter 15%, Bundeswert 18%), sowie dem höchsten Anteil Jugendlicher, was auf die außerordentlich hohe Geborenenrate der Vergangenheit zurückzuführen ist. Dabei ist das Land keineswegs homogen strukturiert. Über 1/3 der Bevölkerung lebt allein in den 6 Stadtkreisen, wogegen weit über 50% aller Gemeinden weniger als 500 EW besitzen. Diese Polarisiertheit der räumlichen Verteilung steht seit vielen Jahrzehnten in engem Wechselverhältnis zur ebenso polarisierten Bevölkerungsdynamik. Sie drückt sich in einer räumlich stark differenzierten relativen und absoluten Konzentration, einem differenzierten Migrationsvolumen sowie Veränderungen in der Altersstruktur infolge langanhaltender Abwanderung aus.

Die Stadtkreise profitieren wohl noch längere Zeit vom staatlichen Sozialwohnungsbau, der Zuzüge induzierte, welche die Altersgliederung der Bevölkerung begünstigten. Trotz geringerer altersspezifischer Fruchtbarkeit ergaben sich mit entsprechender Phasenverschiebung zum Zuzug z.T. erhebliche Geburtenüberschüsse - genau jene, welche für den Norden der DDR immer typisch waren.

In den Landkreisen hatten über 85% aller Gemeinden langjährig z.T. erhebliche Wanderungsverluste. Überalterung in unterschiedlichen Stadien ist das wichtigste Resultat dieses Prozesses. Besonders starke Bevölkerungsverluste erfahren seit vielen Jahren die ländlichen Gemeinden des vorpommerschen Festlandes sowie die unmittelbar daran anschließenden mecklenburgischen Kreise. Vielfach betrugen die Rückgänge der Einwohnerzahl im Kreisdurchschnitt 10-15 ‰ jährlich. Damit war das Migrationspotential, insbesondere hinsichtlich der hauptsächlich an der Wanderung beteiligten Altersgruppen, bereits im Vorfeld der Grenzöffnung 1989 stark abgebaut. Der Migrationsverlust von 1989 traf im Norden also vornehmlich die Städte. Das ist um so bemerkenswerter, als daß der relative Migrationsverlust aus Mecklenburg-Vorpommern zeitweilig von allen ostdeutschen Gebieten am größten war.

3. Aktuelle Entwicklungen

3.1. Gesamtentwicklung und Migration

Gegenwärtig leben in Mecklenburg-Vorpommern 1.832.298 Menschen (31.12. 1994). Das ist für diesen Raum die geringste Einwohnerzahl seit Ende des 2. Weltkrieges. Sie widerspiegelt hauptsächlich die enorme Abwanderung aus der Region seit dem Fall der Mauer. Die Zeit seit 1989 ist aber nicht nur Periode des "demographischen Aderlasses" - hier finden auch qualitative und inhaltliche Veränderungen von Teilprozessen statt, die näher zu beleuchten sind.

Der Bevölkerungsverlust Mecklenburg-Vorpommerns betrug seit 1989 gebietsstandsbereinigt 146.528 Personen (7,4%). Davon entfallen etwa 11% auf Gebietsabtretungen an Brandenburg und Niedersachsen. Nach Ausschluß dieser Größe war der verbleibende Bevölkerungsrückgang in den Jahren 1989-91 zu etwa 86% migrationell bedingt. Seitdem verschieben sich aber die tragenden demographischen Komponenten zueinander in ihrer Wertigkeit. Noch einschließlich 1990 wurde landesweit in der natürlichen Bevölkerungsbilanz ein Überschuß an 1.054 Geburten registriert. Seit 1991 treten Sterbefallüberschüsse auf, die bereits in der ersten Hälfte des Jahres 1993 sogar 3/4 der Bevölkerungsabnahme ausmachten. Diese Transformation in der Wertigkeit der einzelnen Bevölkerungsbewegungen ist gesetzmäßig. Die Abwanderungen von 1989-91 bauten nicht nur das vorhandene migrationelle Restpotential ab, sie wirken sich mit entsprechender Verzögerung u.a. auch auf das natürliche Reproduktionspotential der verbleibenden Bevölkerung aus.

Der Migrationsverlust Mecklenburg-Vorpommerns ist unter den ostdeutschen Bundesländern der zwar absolut geringste, war auf die Einwohnerzahl bezogen zeitweilig aber der stärkste[3]. Auf das gesamte Land bezogen ist diese Aussage jedoch zu undifferenziert. Die größten Wanderungsverluste traten zunächst in den Kreisen Vorpommerns auf. Sie betrugen hier zumeist das Vierfache der Migrationsdefizite in Nordwestmecklenburg und sind hauptsächlich als Reflektion des bis heute bestehenden Gefälles auf dem Arbeitsmarkt zu verstehen. Die Möglichkeit zum täglichen Pendeln, insbesondere in den Wirtschaftsraum Lübeck, überlagert dieses Ursachengefüge verstärkend. Bemerkenswert ist die Tatsache, daß in dieser ersten Phase Stadt- und Landkreise gleichermaßen betroffen waren.

Seit 1992 verändert sich die Wanderungsdynamik in Intensität und räumlicher Ausrichtung. Es bleibt zwar tendenziell die West-Ost-Spannung bestehen. In einigen Kreisen des Ostens liegen die Verluste noch immer bei über 10 ‰ jährlich. Aber gleichzeitig treten bemerkenswerte kleinräumige Ausgleichsbewegungen auf, die hauptsächlich als Ausdruck zunehmender Suburbanisierung um die größeren Zentren zu verstehen sind. Die größten Gewinne sind in den Landkreisen im Umfeld der Oberzentren mit den stärksten Verlusten zu finden. Dieses Phänomen ist für die Region zumindest in dieser Intensität neu, so daß eine Vertiefung nötig ist.

In der Vergangenheit war folgende Beziehung regelhaft: Je kleiner die Gemeinde, desto größer war der relative Migrationsverlust, desto ungünstiger die Altersgliederung und in der Endkonsequenz folgte Sterbefallüberschuß. Besonders starker Zuzug insbesondere in die Stadtkreise bzw. die meisten der bisherigen Kreis-

---

[3] Raumordnungsbericht 1993 des BMfRBS, S. 76 ff.

städte bewirkte dagegen dort erhebliche Geburtenüberschüsse. Seit 1992 ist diese Relation total umgekippt. Landesweit haben ausschließlich ländliche Gemeinden Migrationsgewinn, wogegen in allen statistisch städtischen Gemeindegrößengruppen (2.000 Einwohner und mehr) Wanderungsverluste zu verzeichnen sind. Hier schlägt statistisch sicher der Aufbau der Landesregierung in Schwerin durch, der von einem überproportionelen Zuzug in den bisherigen Landkreis begleitet war. Dabei ist bemerkenswert, daß diese Bewegung die einzige landesgrenzenüberschreitende Wanderung im Land ist, bei der ein Kreis einen positiven Saldo aufweist.[4]

Interessant dürfte auch die sexuelle Differenziertheit sein. Der gesamte Migrationsverlust des Landes wurde 1992 fast ausschließlich von Frauen getragen. Es dürfte sich zumeist um Partner der in den Vorjahren verstärkt abgewanderten Männer handeln, die nunmehr die Grundlage für den Nachzug ihrer Familien geschaffen haben. Dagegen entfällt der Zuzug auf die Dörfer fast ausschließlich auf Männer, ein Umstand, der bislang nur durch einige vage Hypothesen sowie durch exemplarisch belegbare Spekulationen erklärt werden kann:

- Es könnte sich z.B. verstärkt um "Rückkehrer" handeln, die in den 70er und 80er Jahren in die Textilindustrie der Lausitz oder die Großchemie im Raum Leuna abgewandert waren und jetz arbeitslos sind. Das noch vorhandene Sozialgefüge im Heimatort fängt sie auf.

- Gleichsam könnten es Männer im "Trennungsjahr" bei Ehescheidungen sein. Die ostdeutsche Bevölkerung war seit Jahrzehnten sehr scheidungsaktiv. Nach 1989 sind in vielen bis dahin stabilen Familien die Bindemomente weggebrochen. Eine Ehescheidung nach westdeutschem Recht kommt für viele schon finanziell nicht infrage. Kraft der traditionellen Stellung der Frau in der ostdeutschen Familie verläßt also der Mann für ein Jahr die gemeinschaftliche Wohnung.

- Bekannt sind Fälle des "Rückzugs" oder "Untertauchens" von ehemaligen Führungskräften aus der DDR-Nomenklatura.

- Sicher bewirken die Verlagerungen von Asylbewerberheimen in kleine Landgemeinden erheblichen statistischen Zugewinn, der ebenfalls den hohen Männeranteil an diesen Migranten mit erklären könnte.

- Insgesamt besteht jedoch noch erheblicher Erklärungsbedarf, denn es ist mehr als verwunderlich, daß insbesondere in Gemeinden, die bereits über einen erheblichen Männerüberschuß verfügen, einem Wanderungsgewinn von +523 weiblichen +2.908 männliche Migranten gegenüberstehen, was im Saldo einem Männerüberschuß von 456% entspricht!

---

[4] nach Information der Landesplanungsbehörde

3.2. Die natürliche Bevölkerungsentwicklung

Die spektakulärste Veränderung der Bevölkerungsentwicklung in Ostdeutschland ist der noch anhaltende radikale Umschwung vom Geburtenüberschuß zu erheblichem Sterbefallüberschuß. Er ist durch den plötzlichen Übergang zu anderen Formen im generativen Verhalten gekennzeichnet, wird aber auch von Veränderungen im altersspezifischen Sterblichkeitsniveau beeinflußt. Die sprunghafte Verringerung der Geburtenzahl hat viele Gründe. Zu den wichtigsten demographischen Ursachen, von den einige durch Demographen und Bevölkerungsgeographen der DDR bereits Mitte der 80er Jahre in damaligen Prognosen angesprochen wurden, gehören die folgenden:

A) Allein das "demographische Echo" des "Pilleknicks" (Geburtenrezession von 1973-1976: Wer nicht geboren wurde, kann keine Kinder bekommen!) bewirkt einen zeitweiligen Geburtenausfall von ca. 30-35%.

B) Die Plazierung der Geburten in der Biographie der potentiellen Mütter unterliegt einem Anpassungsprozeß an die Alt-BRD-Verhältnisse, was einem gewissen "time lag" (Zeitsprung) mit vorübergehenden Ausfällen (etwa 6 Jahre) entspricht. Es kann nicht erwartet werden, daß junge Frauen, die bis 1989/90 als 21/22jährige ihre Reproduktion mit 1 bis 2 Geburten nach DDR-Durchschnitt abgeschlossen hatten, 5-7 Jahre später nochmals niederkommen, nur um der Durchschnittsstatistik der alten Bundesländer zu entsprechen! Gleichzeitig orientieren sich nachrückende Altersjahrgänge an den nunmehr gesamtdeutschen längeren Ausbildungszeiten des Westens, wobei schon die Verdoppelung des Anteils der Abiturienten beachtlich ist. Allein diesbezüglich wirkt sich der Wegfall von sozialpolitischen Leistungen aus der DDR- Zeit insbesondere für junge Mütter im Studium und der Berufsausbildung (Wohnheim- und Kinderkrippenplatzgarantie, Sonderstudienpläne zur Absicherung des Ausbildungserfolges, Arbeitsplatzgarantie für Absolventen etc.) besonders deutlich aus.

C) Innerhalb des sozialen Adaptionsprozesses findet eine Verringerung der Summe der altersspezifischen Fruchtbarkeit statt, die einen zusätzlichen Geburtenrückgang von etwa 25% induziert. Dieses Moment wird von einem wichtigen demographisch wirkenden medizinischen Faktor begleitet: Mit verspäteter Erstgeburt steigt das Geburtsrisiko und sinkt die Wahrscheinlichkeit von Folgegeburten.

D) Die Punkte B. und C. treffen die ländlichen Regionen in Mecklenburg und Vorpommern besonders hart, da - wie am Beispiel des ehemaligen Kreises Strasburg zu sehen ist - aufgrund relativ homogener Lebensläufe in stark landwirtschaftlich geprägten Gebieten noch höhere Fruchtbarkeiten und in der Biographie früher plazierte Niederkünfte üblich waren, als im DDR-Durchschnitt. In einer aktuellen Recherche wurde für den Raum Woldegk (im westlichen Teil des ehemaligen Kreises Strasburg) ein Rückgang der Summe der altersspezifischen Fruchtbarkeit auf deutlich unter 800 registriert, was einer Verminderung auf unter 40% entspricht. Dabei entfielen ca. 50% aller Geburten auf über 30jährige Frauen.

Darüber hinaus wirken noch viele weitere Faktoren quasi subcutan bzw. in gegenseitiger Überlagerung additiv oder sogar multiplikativ. Sie sind von den genannten fast rein demographischen als eher soziale, psychologische und/oder soziologische Faktoren bzw. Faktorengruppen unterscheidbar:

- Ein entscheidender Grund für die gegenwärtige Verringerung der Geburtenrate ist die migrationsbedingte Reduzierung des Anteils potentieller Mütter an der Gesamtbevölkerung. Weiter oben wurde bereits darauf hingewiesen, daß fast der gesamte Migrationsverlust des Landes Mecklenburg-Vorpommern 1992 von Frauen getragen wurde. In soziologischen Untersuchungen aus den frühen 80er Jahren wurde auf die psychologische Wirkung hoher Dichte junger Frauen zur Geburtenstimulation verwiesen. Jetzt tritt die Umkehrung dieser Relation ein.

- Die Geburtenausfälle des II. Weltkrieges und der Nachkriegszeit waren Resultat der Abwesenheit der Männer. Auch heute finden wir in vielen Familien einen ähnlichen Effekt durch Wochenarbeitspendeln in Größenordnungen, wie sie vor 1990 völlig unüblich waren. Dieses Moment könnte sich als verminderte Zeugungschance stark negativ auswirken.

- Weiterhin führen aktuelle soziale Belastungen, gekennzeichnet durch Arbeitslosigkeit, Verunsicherungen in der beruflichen Perspektive, die Umbewertung der sozialen Position Alleinerziehender u.a., zur Herausbildung anderer Familien(planungs)strategien. Darin finden auch Irritationen im Hinblick auf die Diskussionen um §218 ihren Ausdruck. Es geht also nicht um einen "kollektiven Gebärstreik" der Ost- Frauen, wie in "Die Zeit" 9/93 zu lesen war, sondern um durchdachte Reflektionen existenzieller Bedingungen.

Wenn sich heute in allen Gemeindegrößengruppen des Landes wie auch in ausgewählten Teilräumen die Proportionen von Geburten- zu Sterbezahlen insgesamt von etwa 1,1:1 (1989) auf 1:2,1 (1993) verschoben haben[5], so zeigt sich damit auch eine Veränderung der Sterblichkeit sowie deren Bedeutung für den Gesamtprozeß. In der demographischen Bilanz erzielt die natürliche Bevölkerungsbewegung damit schlechtere Ergebnisse als zwischen 1942 und 1946! Einerseits müssen wir z. Z. im Osten Deutschlands generell eine bedenkliche Erhöhung der altersspezifischen Sterblichkeit registrieren. Bezogen auf den Nordosten reflektiert dieser Prozeß sicherlich auch die katastrophale Straßenverkehrsunfallbilanz der Region, wobei zu erinnern ist, daß die Bevölkerung in ländlichen Gemeinden in diesem Raum bereits vor 1990 die geringste Lebenserwartung in Deutschland hatte. Andererseits wirkt sich die Sterblichkeit auch erheblich auf die Veränderung der Alters- und Ge-

---

[5] Hilbig, A.: Bevölkerungsdynamik in den Gemeinden des Kreises Nordvorpommern - 1995. Greifswald, Univ., Inst. für Geographie, Manuskript zur Diplomarbeit (unveroff.) Ostsee-Zeitung. - Rostock, 8.3.1995, Nr. 57, 43. Jg., S. 1

schlechtsgliederung der Bevölkerung aus. Im Unterschied zur überproportionalen Verringerung der demographisch aktiveren Bevölkerungsanteile insgesamt und insbesondere in den Quellgemeinden, also den Städten, ländlichen Zentralorten sowie den perspektivlosen Standorten, werden Veränderungen der Altersstruktur in den überalterten Gemeinden vorrangig durch Ausfälle in den höheren Altersgruppen bewirkt (ebenda). Daraus lassen sich nur folgende Schlußfolgerungen ableiten:

- Der Nordosten Deutschlands ist kleinräumig demographisch wesentlich differenzierter, als bislang angenommen.
- Die Überalterung in den kleinen Gemeinden wurde in der Vergangenheit nicht deutlich genug erkannt.
- Die Seßhaftigkeit der Restbevölkerung im migrationsaktiven Alter ist offenbar stärker, als in anderen Gebieten Deutschlands.

4. Ausblick

Seit März 1995 arbeitet die Landesregierung in Schwerin auf der Grundlage einer Prognose zur Bevölkerungsentwicklung für Mecklenburg-Vorpommern. Nach diesem Papier ist in den folgenden 15 Jahren ein weiterer Rückgang der Einwohneranzahl um ca. 130.000 zu erwarten. Im Jahre 2010 dürften im Land dann nur noch 1,73 Mio. Menschen leben. Da aus bevölkerungsgeographischer und demographischer Perspektive die Vorausberechnung im Rahmen der gesetzten Annahmen korrekt erfolgte, sei es abschließend an dieser Stelle gestattet, einige Punkte kommentierend zu referieren:

a) Abgesehen von den rein quantitativen Angaben sind die Aussagen zur bevorstehenden Verschiebung in der Altersstruktur hochgradig wahrscheinlich, wonach der Anteil der Bevölkerung unter 20 Jahre von fast 27% (1992) auf unter 15% (2010) sinken und der Anteil der über 60jährigen dagegen komplementär von knapp 17% auf über 23% steigen wird.

b) Die Annahme geht von einer Verbesserung der konjunkturellen Lage, Sättigungseffekten auf dem Arbeitsmarkt insbesondere bei Hochqualifizierten und dem Ausgleich von Disparitäten im Lebensniveau der Bevölkerung der verschiedenen Bundesländer aus.

In der Kalkulation der Bevölkerungsentwicklung erfolgte die Verwertung dieses Modells, das für die Gesamtprognose tragend ist, mathematisch richtig. Ob es allerdings Widerspiegelung künftiger Realitäten sein wird, dürfte zweifelhaft sein. Damit sollen nicht die programmatischen Absichten der politisch Verantwortlichen in Frage gestellt werden. Es ist vielmehr zu berücksichtigen, daß sich die Lebensverhältnisse insbesondere in den westlichen Bundesländern auch weiter entwickeln werden. Der qualitative Abstand zu Mecklenburg-Vorpommern muß sich damit nicht verringern! Also dürfte nicht die Abnahme der Anziehungskraft des "Westens" Determinante für zukünftig kleinere Wanderungsverluste sein, sondern eher reduzierte Anteile der am stärksten zur Migration neigenden Altersgruppen. Ob es auf diesem Gebiet noch Reserven gibt, oder in der Kalkulation das Potential überzogen wurde, wird die Praxis zeigen.

Beim Prognoseansatz wird weiterhin von einer jährlichen Zuwanderung nach Mecklenburg-Vorpommern insbesondere durch Aussiedler ausgegangen, welche die zu erwartenden Abwanderungen der einheimischen Bevölkerung in andere Bundesländer in den nächsten Jahren ausgleichen sollen. Der theoretische Ansatz für diese Annahme geht angesichts der Entwicklung der Aussiedlerzahlen für das Bundesgebiet insgesamt von einer bevölkerungsproportionalen Verteilung auf die einzelnen Bundesländer aus. Die bisherige Entwicklung zeigt allerdings, daß Aussiedler - ähnlich wie Asylanten - die Zuweisung eines Wohnsitzes im Nordosten Deutschlands nur selten akzeptieren. Darum sollte auch in Zukunft die Wirksamkeit des Verfahrens in Frage gestellt werden dürfen. Wenn für die Vorausberechnung eine jährliche Zuwanderung von bis zu 4.000 Aussiedlern angenommen wird, so wären das, auf den Prognosehorizont bezogen, etwa 60.000 Personen. Angesichts der Entwicklung in der Praxis dürfte es realistischer sein, zunächst nicht von diesem fast zentralplanwirtschaftlich anmutenden Steuerungswunsch nach Zuwachs auszugehen. Es ist wissenschaftlich also durchaus legitim, daß die Prognosesumme für das Bundesland Mecklenburg-Vorpommern um eben diese 60.000 Personen geringer anzusetzen ist. Dann würden im Untersuchungsraum aber nur noch 1,67 Mio. Menschen leben.

Dieter Brunner

ENTWICKLUNG DER SIEDLUNGSSTRUKTUR IN MECKLENBURG-VORPOMMERN

Ländliche und städtische Siedlungen sind in ihrer räumlichen Verteilung und in ihrer inneren Differenzierung Zeitzeugen der Geschichte und der kulturellen Entwicklung. Mecklenburg-Vorpommern ist durch ein sehr zersplittertes Siedlungsnetz mit einem dominierenden Anteil (ca. 75%) kleiner und kleinster Siedlungen mit weniger als 200 Einwohnern geprägt. Nur etwa 16 Siedlungen/100 km² charakterisieren das dünne Siedlungsnetz.[1]

Die Siedlungsdichte ist im südlichen Landesteil und besonders im Raum Ueckermünde noch geringer, dagegen in Nordwestmecklenburg und auf der Insel Rügen beträchtlich höher. Der Kreis Rügen ist aber zugleich der Kreis mit dem größten Anteil kleinster Siedlungen: in ca. 50% der Siedlungen leben nicht mehr als 50 Einwohner, und ca. 85% aller Siedlungen sind nicht größer als 200 Einwohner.

6 kreisfreie und 79 kreisangehörige Städte sind die siedlungsstrukturellen Kerne des Landes. Klein- und Landstädte überwiegen nach der Anzahl. Das Städtenetz ist weitständig: 3,7 Städte/1.000 km².

Aus historischen, darunter planwirtschaftlicher Siedlungsperiode, wurde ein stabiles Netz zentraler Orte übernommen: vor allem groß- und mittelstädtische, auch ausgewählte dörfliche Zentren mit Bedeutung für ihr Umland. Dagegen wurden die meisten Landstädte ihren raumstrukturellen Aufgaben zuletzt kaum noch gerecht.

Umwälzungen in der Agrarstruktur in der DDR und Industrialisierung, v.a. in den Städten, verbunden mit intensiver Arbeitspendelwanderung veränderten Funktion und Struktur der Siedlungen zum Teil erheblich. In vielen Dörfern entstanden neben den alten Ortskernen neue Wirtschaftsanlagen, öffentliche Gebäude und mehrgeschossige Wohnblöcke. Das bäuerliche Gehöft wurde vielfach überflüssig. Offene Bebauung wurde zum Markenzeichen neuer städtischer Industriekomplexe und Wohngebiete. Ehemals kriegszerstörte Innenstädte und besonders die Neubaugebiete auf der grünen Wiese entstanden in einfachster, eintöniger Plattenbauweise.

---

[1] Brunner, D. und Meincke, R.: Das Bundesland Mecklenburg- Vorpommern - "Tor zum Norden und Brücke zum Osten" .- Ztschr. f. d. Erdkundeunterricht, Berlin, 43 (1991) 12, S. 434- 442

Vielerorts vernachlässigte Innenstädte führten in kurzer Zeit zu Verlusten kulturhistorischer Werte.[2]

Der politische und wirtschaftliche Umbruch von 1989 wurde für Mecklenburg-Vorpommern, wie für den gesamten Osten Deutschlands, zu einer extremen Herausforderung in Bezug auf die Neugestaltung der Wirtschafts- und Lebensweise, eingebunden in einen rigorosen Wettbewerb der städtischen und ländlichen Siedlungen oder der Regionen auf Landes- und Bundesebene, z.T. europa- oder sogar weltweit.

Dieser marktwirtschaftlich orientierte Prozeß wird begleitet von einer Rückläufigkeit traditioneller Industrien, strukturellen Umbrüchen in der Landwirtschaft, expandierenden unternehmensbezogenen und personenbezogenen Dienstleistungen sowie tiefgreifenden, regional differenzierten Änderungen in der Bevölkerungsstruktur, insbesondere in der Beschäftigtenstruktur (Zunahme der Arbeitslosigkeit, Abwanderung, Bevölkerungsverluste u.ä.). Die Bedeutung der harten Standortfaktoren wird zunehmend überlagert vom wachsenden Wert der weichen Standortfaktoren.

In Mecklenburg-Vorpommern steht zusätzlich das Problem der zum Teil noch fehlenden harten Standortfaktoren für eine prosperierende marktwirtschaftliche Entwicklung; z.B. ein unzureichend ausgebautes Verkehrsnetz (Ost-West-Schienenverbindungen, Autobahn) mit einer Kulmination unzureichender infrastruktureller Ausstattung im peripheren östlichen Landesteil. Andererseits bietet das Land günstige Voraussetzungen auf dem Gebiet der weichen Standortfaktoren, z.B. vergleichsweise günstige Umweltqualitäten, regionale und städtische Reize für ein positives Landesimage, ansprechende Werte für Ausbildung und Freizeitgestaltung. Sie sind teilweise eng an positiv zu beurteilende harte Standortfaktoren gebunden wie beispielsweise die Schul-, Fachschul- und Hochschullandschaft, die Forschungs-, Entwicklungs- und Transferstellen, die es sorgsam zu kultivieren, anstatt abzubauen/ "abzuwickeln" gilt.[3]

Ist schon, wie *Tank*[4] formuliert, die allgemeine Entwicklung von zahlreichen Gegenläufigkeiten und Widersprüchlichkeiten gekennzeichnet, so gilt das in verstärktem Maß für die Entwicklung in den Städten und ihren Umlandgebieten. Hier trifft die Umstrukturierung von Wirtschaft und Bevölkerung mit ihrem enormen Flächen- bzw. Raumbedarf nicht nur auf die bestehende Siedlungs- und Raumstruktur, sondern auch auf das historisch bauliche Gefüge und die zu schützenden

---

[2] Entwicklung der Siedlungsstruktur im Norden der DDR. - Gotha/Leipzig: VEB Hermann Haack, 1975

[3] Erstes Landesraumordnungsprogramm Mecklenburg-Vorpommern, - Schwerin: Landesplanungsbehörde, 1993

[4] Vgl. Tank, H.: Stadtentwicklungspolitik in den neuen Bundesländern - Basis für die staatliche Entwicklungspolitik. - In: Raumforschung und Raumordnung, Bonn 53 (1995) 3, S. 208

Wohnungsmangel, Mietenverteuerung, Verkehrsprobleme im Berufs-, Wirtschafts- und Freizeitverkehr, Erosion von Stadt- und Dorfzentren, beginnende Zersiedlung des städtischen Umlandes usw. Insgesamt führt der gesellschaftliche Umstrukturierungsprozeß zu teilweise neuen Siedlungsbildern. Sehr augenscheinlich treten z.B. folgende neue Elemente im städtischen und ländlichen Siedlungsgefüge hervor:

- zahlreiche neue mittelständische Betriebe in der produzierenden und dienstleistenden Wirtschaft - oft in Verbindung mit Umstrukturierung altindustrialisierter Flächen (z.B. im Fischereihafen Rostock) oder als Elemente neu erschlossener randstädtischer bzw. stadtnaher Gewerbegebiete (letztere für gegenwärtige Verhältnisse z.T. überdimensioniert)
- Technologiezentren als Innovationskerne an 5 Standorten (Rostock, Warnemünde, Schwerin, Greifswald, Neubrandenburg) z.T. mit Außenstellen an weiteren Standorten; Existenzgründerzentren
- Einkaufszentren im suburbanen Bereich größerer Städte, zunehmend auch als Stadtteilzentren und - im Zuge des Revitalisierungsprozesses historischer Altstädte - in Innenstadtbereichen; Bau von Geschäftspassagen; innerstädtische, randstädtische und ländliche Hotelneubauten
- wirtschaftlicher Aufschwung in früher vernachlässigten landstädtischen Zentren, jedoch regional sehr differenziert, d.h. deutlich mehr Entwicklung im westlichen und mittleren Landesteil (z.B. Boizenburg, Wittenburg, Zarrentin, Laage, Dargun, Stavenhagen)
- neue Siedlungen des privaten Wohnungsbaus besonders in unmittelbarem Umland städtischer Zentren bzw. in ländlichen Siedlungsschwerpunkten; meist am Ortsrand in der Entstehung; jedoch im Rahmen der allgemeinen "Bausparkassenarchitektur" manchmal mit wenig Gespür für ästhetische Gestaltung der Wohngebiete (Lage der Häuser zueinander) und Wohngebäude (z.T. Baustilwirrwarr, zweifelhafte Anordnung verschiedener Funktionsbauten auf einem Grundstück, lächerliche Baustilelemente an Wohngebäuden)
- Lückenbebauung in Stadt und Dorf; Sanierung der Altbausubstanz; teilweise Umwidmung der Funktion bestehender Gebäude; häufig noch enges Nebeneinander von verfallener und sanierter Wohnbausubstanz (auffällige Problemzone: Ortskern!)[5]
- allmählicher Übergang von trister grauer Gebäudesubstanz zu farbenfrohen Gestaltungen sanierter und neuer Gebäude, z.T. wird an niederdeutscher Backsteinarchitektur angeknüpft; umfangreiche mehr oder weniger stilvolle Außenwerbung an Gebäuden

---

[5] Hähnlein, A.: Raumfunktionale Dynamik ländlicher Gebiete unter besonderer Berücksichtigung der Bausubstanz und Siedlungsstruktur des Kreises Nordvorpommern. - Greifswald, 29.10.1995, Diplomarbeit

- Sanierung und allmähliche Ergänzung touristischer Infrastruktur in den Erholungsorten; einige Großobjekte in der Planungs- oder Aufbauphase
- allmähliche Verbesserung der Verkehrsinfrastruktur (Ortsdurchfahrten, erste Ortsumgehungen), z.T. chaotische Verhältnisse im ruhenden Verkehr (unzureichendes Parkplatzangebot in städtischen Wohngebieten oder nahe der Stadtzentren, verbesserungsbedürftiges Parkleitsystem), Radwegenetz (noch unzureichend),
- in ländlichen Siedlungen einerseits verfallene oder stark beschädigte Produktionsgebäude und Einrichtungen der sozialen Infrastruktur - häufig im Ortskern bzw. in deren unmittelbarer Nähe (z.B. Gutsgebäude, Verkaufseinrichtungen, Kulturstätten, Feriensiedlungen, Kirchen), andererseits sanierte Produktions- und Dienstleistungsbauten, teilweise Landwirtschaftsneubauten; aufgeräumte Grünzonen (Dorfplätze, Parks),
- "Industrialisierung" durchWindenergieanlagen (1994: 141 Anlagen mit ca. 40 MW) und durch Erweiterung und Neuaufschluß von Tagebauen der Sand- und Kiesgewinnung
- neu strukturiertes Flurbild durch Bodennutzungsänderung, u.a. Schlagverkleinerung und Flächenstillegung
- ehemals militärisch genutzte Liegenschaften in sehr differenziertem Konversionszustand.

Eine Kernaussage des Landesraumordnungsprogrammes zur Siedlungsentwicklung in Mecklenburg-Vorpommern lautet: Die gewachsene dezentrale Siedlungsstruktur erhalten und unter Stärkung der zentralen Orte insbesondere im ländlichen Raum weiter entwickeln. In Mecklenburg-Vorpommern, vor allem in Vorpommern, verläuft dieser Prozeß im Spannungsgefüge von peripherer Lage des Gesamtraumes, von einseitiger und wenig prosperitärer Wirtschaftsstruktur, von dringend nötigen Kapitalzuflüssen, von landesweitem Bevölkerungsverlust und hoher Arbeitslosigkeit sowie von weitgehend intakter Natur.

Die städtebauliche Erneuerung wurde in den neuen Bundesländern eingeleitet mit einem Modellstadtprogramm als Sofortmaßnahme zum Aufzeigen von Wegen und Möglichkeiten, wie in partnerschaftlicher und bürgernaher Zusammenarbeit der galoppierende bauliche Verfall gestoppt und zusätzlich private Initiativen und Investitionen ausgelöst werden können. Im vorpommerschen Raum z.B. laufen derartige, geförderte Modellvorhaben städtebaulicher Sanierung in Stralsund und in der Landstadt Tribsees.

Wer heute die mecklenburgischen und vorpommerschen Städte, insbesondere deren Altstadtbereiche, besucht, wird feststellen, daß der Sanierungsprozeß durch private und kommunale Aktivitäten (unter Nutzung vielfältiger Fördermöglichkeiten) beträchtlich vorangeschritten ist. Leitziel der städtebaulichen Erneuerung ist dabei, "die vorhandenen und noch weitgehend intakten Strukturen ... aufzugreifen und ohne Verlust an Erkennbarkeit sorgfältig weiter zu entwickeln"[6]. Das bedeutet, historische Grundrißstrukturen und kleinteilige Mischnutzungen zu erhalten, Städtebauqualitäten durch Restaurierung und Modernisierung überkommener Bausubstanz sowie gestaltungs- und proportionsgerechte Anpassung notwendiger Neubauten zu pflegen und die Sanierungsgebiete verkehrsmäßig zu beruhigen. Diese Entwicklung verläuft allerorten, wie oben genannt, nicht widerspruchsfrei, berührt sie doch alle Funktionen der Städte und Lebensbereiche ihrer Einwohner und Gäste. Sie ist aber für vitale Innenstädte dringend geboten, zumal im Zuge baulicher Entwicklungen am Rand der Städte und in deren unmittelbarem Umland Prozesse ablaufen, die eine harmonische Stadtentwicklung beeinträchtigen.

Bedingt durch anfängliche Rechtsunsicherheit und "Raumunordnung" nach dem politischen und wirtschaftlichen Zusammenbruch, wurde kommunale Selbstbestimmung zunächst mit der Ausweisung überdimensionierter Bauflächen, v.a. für Einzelhandelsbetriebe vor den Toren größerer städtischer Zentren gleichgesetzt, d.h. in Umlandgemeinden. Die Städte ihrerseits aktivierten zeitversetzt deshalb in einer 2. Phase ebenfalls die Einzelhandelsentwicklung auf der grünen Wiese.

Großflächiger Einzelhandel ist zwar für bestimmte Warengruppen und Sortimente dringend notwendig, ist aber zugleich mit Sorge zu betrachten, wenn dessen Dimension und Struktur nachteilig auf den innerstädtischen Einzelhandel und damit auf eine wichtige Komponente städtischen Lebens wirken. Jüngere Untersuchungen haben ergeben, daß sich z.B. das Einzelhandelsgeschehen Greifswalds in den Jahren 1990-1994 schwerpunktmäßig an der Peripherie mit fast 60% der Gesamtverkaufsfläche entwickelt hat: Einkaufszentrum Neuenkirchen (Umlandgemeinde 2 km nördlich der Altstadt, 35.000 m² Verkaufsraumfläche [VRF]), Einkaufszentrum Elisenpark (am Stadtrand, 40.000 m² VRF).

Die Wohngebiete weisen mit ca. 22% bzw. 15.000 m² VRF auf eine eher ausgewogene und angemessene Angebotsstruktur hin, die derzeit in einer 3. Phase modernisiert wird. Der innerstädtische Einzelhandel ist mit knapp 20% bzw. ca. 13.000 m² VRF unterrepräsentiert und derzeit noch nicht in der Lage, seiner Funktion gerecht zu werden. Dabei hat sich die Innenstadt nicht nur mit 0,2 m² VRF/EW der Konkurrenz in der Peripherie mit 1,1 m² VRF/EW zu stellen, sondern auch hinsichtlich der Vielfalt der Angebotsstruktur.

Der vergleichsweise geringe Anteil der Umlandkunden in der Innenstadt von knapp 30% verdeutlicht zum einen noch die Attraktivitäts- und Angebotsschwächen der "City", zum anderen zeigen Befragungsergebnisse auch, daß der Kunde die Innenstadt stärker aufsuchen würde, wenn die Angebote erweitert werden, was beabsichtigt ist.

In Stralsund (Februar 1995) ist die großräumige VRF-Verteilung den Greifswalder Verhältnissen ähnlich:

---

6 Vier Jahre Stadtsanierung in Greifswald - eine erste Bilanz. - Greifswald: Stadtplanungsamt, 1994

- Peripherie und unmittelbares Umland: ca. 65% (81.000 m^2 VRF, darunter 27.000 m^2 im Ostseecenter der Gemeinde Lüssow und 37.000 m^2 an der B 96 in Richtung Greifswald
- Wohngebiete: ca. 14% (17.000 m^2 VRF)
- Innenstadt: ca. 21% (26.000 m^2 VRF)

Bereits die Einzelhandelsentwicklung deutet einen einsetzenden Suburbanisierungsprozeß an, der noch augenscheinlicher wird, betrachtet man die für die Ordnungsräume angezeigten Ansprüche auf Wohnbauflächen, die teilweise den Eigenbedarf der Gemeinden weit übertreffen. Noch sind die Wohnsiedlungen im Entstehen begriffen, der Bauboom im näheren und weiteren Umland der oberzentralen Städte schreitet fort. Mittlerweile wird er von der Raumplanung zunehmend in die Siedlungsschwerpunkte gelenkt. Dazu zählen auch städtische und dörfliche Zentralorte im ländlichen Raum. Infolge zögerlicher Baulandausweisung und relativ hoher Baulandpreise in den Mittelstädten ist eine rege Bautätigkeit in den Ordnungsräumen, aber auch in stadtfernen ländlichen Orten zu verzeichnen.

Überall im Lande ist eine Vielzahl von Gewerbegebieten ausgewiesen worden. Angesichts von Tausenden fehlenden Arbeitsplätzen wird diese Vorgehensweise verständlich, wenngleich bei den einzelnen Gemeinden örtliche Belange und Interessen im Vordergrund stehen. In Anbetracht des relativ geringen Ansiedlungspotentials (Handel/Einzelhandel ausgenommen) ist die großzügige Gewerbeflächenausweisung und - erschließung aber kritisch zu bewerten. Allein im Kreis Ostvorpommern sind (einschließlich Atomkraftwerk in Lubmin) 250 ha Gewerbeland an 11 Standorten ausgewiesen. Die Standortnachteile des Vorpommerschen Landesteiles (z.B. periphere Lage, mangelhafte Verkehrsinfrastruktur) können auch durch billigste Preise für vollerschlossenes Baugelände z.Zt. nicht ausgeglichen werden, selbst wenn die Gewerbegebiete in ländlichen Zentralorten mit relativ günstiger Verkehrsanbindung liegen (z.B. Ducherow, Züssow). Von einer zukunftsträchtigen gewerblichen Standortentwicklung mit struktureller Aufwertung solcher landstädtischer Zentren wie Stavenhagen oder Dargun in Ostmecklenburg oder gar solcherart Zentren in Westmecklenburg sind vergleichbare vorpommersche Siedlungen noch weit entfernt. Viele verbinden berechtigterweise ihre Hoffnung auf wirtschaftliche Entwicklung (und zugleich innerstädtische Verkehrsentlastung) mit dem Bau der A 20.

Insgesamt bietet die Siedlungsstruktur Mecklenburg-Vorpommerns ein differenziertes Bild. Allenthalben ist das Bemühen erkennbar, das gewachsene dezentrale Siedlungsnetz zu stabilisieren, insbesondere die zentralen Orte und ländlichen Siedlungsschwerpunkte entsprechend ihres Ranges durch konstruktive, regional ausgerichtete Planung zu vervollkommnen und dem raumplanerischen Gedanken der Entwicklung einer Knoten-Achsen-Struktur Rechnung zu tragen. In den ehemals funktional problembeladenen landstädtischen Zentren sind relativ gute Entwicklungsansätze zu konstatieren, wenngleich wirtschaftliche Prosperität meist nur

Abbildung 1
Ordnungsräume Stralsund und Greifswald

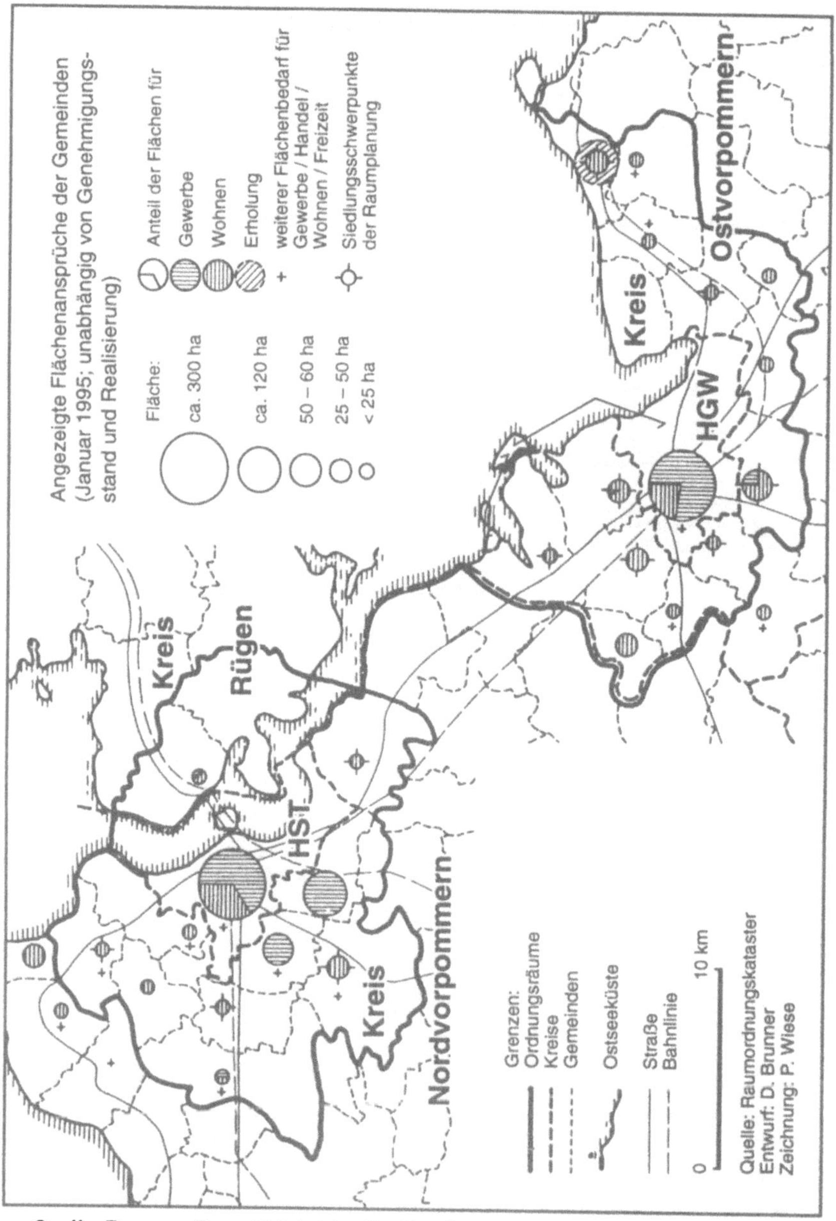

Quelle: Brunner, D. und Meinicke, R.: Das Bundesland Mecklenburg-Vorpommern - „Tor zum Norden und Brücke zum Osten". - Ztschr.f.d.Erdkundeunterricht, Berlin, 43 (1991) 12, S. 434-442

zaghaft vorankommt. In den mittel- und oberzentralen Städten hat sich die Industriestruktur auf einem relativ niedrigen Niveau eingepegelt.

Die größten Entwicklungsprobleme offenbaren sich jedoch in peripheren, strukturschwachen ländlichen Räumen, in denen - ausgehend von wirtschaftlicher Stagnation, z.B. durch folgenreiche Änderung der ehemaligen Hauptproduktionsfunktion Landwirtschaft und deren Einbindung in eine stark subventionierte und regulierte Landnutzung - eine "negative" Wirkungskette voll wirksam wurde (Abb. 2).

Abbildung 2
Wirkungskette zur Ausbildung von Strukturschwächen ländlicher Regionen („Regionaler Teufelskreis")

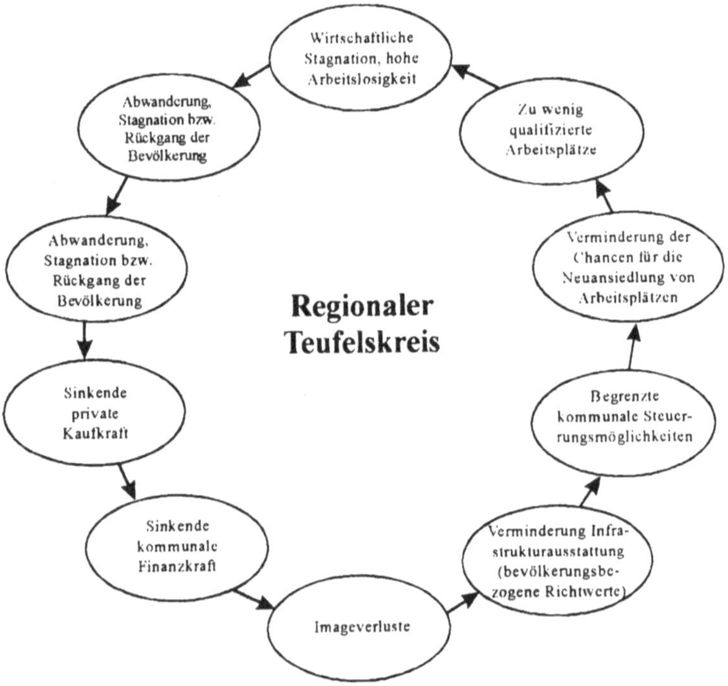

Quelle: Henkel, G.: Der ländliche Raum. - Stuttgart: B.G. Teubner, 1993, 310 S.

Der Wert des ländlichen Raumes als Stabilisierungsraum und Impulsgeber für die Stadt und die Stadtkultur hat stark gelitten. Es zeichnet sich ein Funktionswandel vieler Dörfer vom Produktions- zum Wohn- bzw. Rekreationsstandort ab. Außerdem bringen Altschulden von Betrieben und Kommunen, ungeklärte Eigentumsverhältnisse, Kapitalmangel, Versuche zur Aufweichung der Bodenreformergebnisse, Benachteiligungen beim Landerwerb durch Agrargemeinschaften usw. mehr als Unruhe auf das Land. Dennoch sind Agrarstrukturen geblieben, die sich zur Verblüffung vieler Politiker denen der westdeutschen Landwirtschaft als weit überlegen erweisen. Flur- und Dorfbilder haben sich verändert- nicht zuletzt durch die gewandelte Produktionsstruktur. Förderprogramme unterschiedlichster Art haben diesen Prozeß in meist positivem Sinn vorangetrieben (Dorferneuerung, Erschließung neuer Gewerbe und Wohnflächen, Umwidmung ehemals landwirtschaftlicher Gebäudesubstanz, Förderung gestandener oder neuer mittelständischer Betriebe usw.). Jedoch sind regionale und lokale Unterschiede nicht zu verkennen: Vorsprung des westlichen Landesteiles gegenüber dem Osten, Entwicklungsgefälle von zentralort- bzw. achsennahen Landgemeinden zu zentrumsfernen Gemeinden. Ein widerspruchsvoller Entwicklungsprozeß zeigt sich in den Dörfern wie oben angegeben.

Die Hauptprobleme sind jedoch oft im sozialen Bereich anzutreffen; Arbeitslosigkeit und - durch Unterschreitung von Rentabilitätsschwellen - "weggebrochene" Kommunikationsorte führten zu einem Wandel des Dorflebens, so daß mancherorts traditionelle Werte wie Geselligkeit, Nachbarschaftshilfe oder Verständnis zwischen verschiedenen Altersgruppen der Bevölkerung stark eingeschränkt wurden. Integrationsprobleme von alteingesessener Dorfbevölkerung und zugewanderter Stadtbevölkerung in den kompakten dörflichen Neubaugebieten deuten sich an.

Positive Ansätze auf dem Lande wie das Aufleben der Vereinstätigkeit, die Beschäftigungs- und Weiterbildungsförderung oder die Errichtung neuer Kommunikationszentren (z.T. in Bündelung mehrerer Dienstleistungsfunktionen wie Post- und Verkaufseinrichtungen) sollen nicht in Abrede gestellt werden, sind sie doch häufig das Ergebnis großen Engagements Einzelner oder bestimmter Aktionsgruppen. Dennoch ist der oben genannte "Lebenswandel" um so kritischer einzuschätzen, je problembeladener die Wirtschaft der Teilregionen des Landes ist und je weiter die Siedlungen von den städtischen Innovationszentren entfernt liegen. Gründe für diese Problemsituation lassen sich auch aus den demographischen Strukturen des ländlichen Raumes ableiten, d.h. aus Strukturen, die nicht allein aus aktuellen Entwicklungen resultieren[7].

Perspektive für den ländlichen Raum und Stabilisierung des dortigen Siedlungsnetzes beginnt bei der Unterscheidung ländlicher Teilräume (z.B. städtische Umlandgemeinden, -siedlungen, achsennahe und -ferne Siedlungen, Küstenorte, Orte mit Sonderfunktion usw.), denn den ländlichen Raum als "Restgröße" zu oberzentralen Ordnungsräumen gibt es nicht. Allgemeine und räumlich gezielte Wirtschaftsförderung, gepaart mit Aktivierung des endogenen Potentials der ländlichen Gebiete und Siedlungen kann mittel- und langfristig zu einer ausgewogenen, weniger problembeladenen ländlichen Siedlungsstruktur führen. Gute, territorial differenzierte und umweltgerechte Konzepte für eine derartige Siedlungsentwicklung sind - wenngleich nicht vordergründig auf Mecklenburg-Vorpommern ausgerichtet - nachzulesen.

---

[7] Weiss, W.: Bevölkerungsentwicklung im ländlichen Raum Ostdeutschlands am Beispiel der Region Vorpommern - aktuelle Prozesse, Potentiale und Restriktionen für die Raumentwicklung. - Erfurter Geogr. Studien, 1995, Bd. 3, S. 115-133

Gertrud Albrecht und Wolfgang Albrecht

DIE ENTWICKLUNG DER LANDWIRTSCHAFT IN MECKLENBURG-VORPOMMERN

Zwischenbemerkungen zum Transformationsprozeß

Daß die Regionalstruktur Mecklenburg-Vorpommerns noch in weiten Teilen von der Landwirtschaft bestimmt wird, ist nicht nur auf das relativ gute Naturraumpotential zurückzuführen, sondern vor allem Folge der historischen Entwicklung, besonders der nur verzögerten, punktuellen und strukturell verarmten Industrialisierung.

Tabelle 1
Anteil der Erwerbstätigen in Landwirtschaft und produzierendem Gewerbe an den Gesamtbeschäftigten 1935 (damaliger Gebietsstand)

	Landwirtschaft	produz. Gewerbe
Mecklenburg	48,3	22,3
Pommern	49,0	23,6
Sachsen	11,9	56,5
Thüringen	25,7	45,6

Quelle: Stat. Jahrbuch für das Deutsche Reich 1935

Auf dem Lande dominierte bis 1945 der Großgrundbesitz, dem 1933 mit nur gut 3% aller Betriebe mehr als die Hälfte der LF gehörte. Kleine, von Tagelöhnern und Häuslern bewohnte (Guts-)Dörfer und Ackerbürgerstädte waren ebenso typisch wie erhebliche Defizite der Infrastruktur, so daß Mecklenburg und Vorpommern vor 1939 zu den unterentwickeltsten Regionen des Deutschen Reiches zählten.

Diese Strukturen haben von 1945 - 1950 in der Sowjetischen Besatzungszone (SBZ) mit der "Demokratischen Bodenreform" einen ersten gravierenden Umbruch erfahren.

Tabelle 2
Größenstruktur der Agrarbetriebe Mecklenburgs 1933 (in %)

Gruppe	Betriebsgröße (ha)	Anteil an Summe der Betriebe	Anteil an Summe der LF
Kleinbauern	0 - 5	49,9	4,3
Mittelbauern	> 5 - 20	29,4	13,8
Großbauern	>20 - 100	17,3	27,8
Großgrundbesitz	> 100 - 200	0,7	3,9
	über 200	2,7	50,2

Quelle: Stat. Jahrbuch für das Deutsche Reich 1935

Tabelle 3a
Herkunft des Bodenfonds der "Demokratischen Bodenreform" 1945/46 - 1950 in der SBZ

Herkunft	enteignete Betriebe	ha	%
Privatbesitz über 100 ha	7.160	2.517.356	76,3
Privatbesitz unter 100 ha	4.537	131.742	4,0
Staatsbesitz	1.288	337.507	10,2
Siedlungsgesellschaften und faschist. Institutionen	169	22.764	0,7
Staatswälder, Forste	384	200.247	6,1
Sonst. Grundbesitz	551	88.465	2,7
Gesamtbodenfonds	14.089	3.298.022	100

Quelle: Klemm, V./Autorenkollektiv: Von den bürgerlichen Agrarreformen zur sozialistischen Landwirtschaft in der DDR. VEB Deutscher Landwirtschaftsverlag, Berlin 1984

Von den insgesamt enteigneten 3,3 Mio. ha wurden fast 2/3 an mehr als eine halbe Million Bewerber vergeben, die sich aus Landarbeitern, Arbeitern, Heimat-

Tabelle 3b
Anteil der Länder der SBZ am enteigneten Bodenfonds

Land	Mio ha	%
Mecklenburg	1,07	32,6
Brandenburg	0,95	28,7
Sachsen-Anhalt	0,72	21,8
Sachsen	0,35	10,6
Thüringen	0,21	6,3
SBZ ingesamt	3,30	100

Quelle: Klemm, V./Autorenkollektiv a.a.O.

Tabelle 3c
Verbleib des Bodenfonds der "Demokratischen Bodenreform" in der SBZ 1945/46 - 1950

Empfänger	Anzahl		zugeteilte Fläche		
	abs.	%	ha	%	ha/Empfänger
Landarbeiter und landlose Bauern	119.121	21,2	932.487	42,6	7,8
landarme Bauern	82.483	14,8	274.848	12,5	3,3
Umsiedler	91.155	16,4	763.596	34,9	8,4
Kleinpächter	43.231	7,8	41.661	1,9	1,0
Arbeiter/ Angestellte	183.261	32,7	114.665	5,2	0,6
Waldzulage an Altbauern	39.838	7,1	62.742	2,9	1,6
insgesamt	559.089	100	2.189.999	100	3,9

Quelle: Klemm, V./Autorenkollektiv a.a.O.

vertriebenen, Flüchtlingen und Altbauern rekrutierten. Das restliche Drittel blieb in Form von Volkseigenen Gütern und Forstwirtschaftsbetrieben als sog. "Volkseigentum" in staatlichem Besitz. Daß Mecklenburg (-Vorpommern) den höchsten Anteil am enteigneten Bodenfonds unter den 5 Ländern der SBZ hatte, kann angesichts der Dominanz des Großgrundbesitzes nicht verwundern.

Für ein knappes Jahrzehnt wurden nun bäuerliche Kleinbetriebe unter 20 ha LF mit stark parzellierter Nutzfläche strukturbestimmend, wenngleich bereits seit 1952 mit der Kollektivierung nach sowjetischem Vorbild begonnen worden war (Abbildung 1).

Der erzwungene Abschluß dieses Prozesses im Frühjahr 1960 markiert den Beginn eines erneuten Umbruchs, der für die nächsten drei Jahrzehnte nicht nur die Landwirtschaft, sondern darüberhinaus auch die Bevölkerungs- und Siedlungsstruktur, besonders aber das ländliche Siedlungsnetz, entscheidend beeinflussen sollte. In einem beispiellosen Konzentrationsprozeß, der mit Einführung industriemäßiger Produktionsmethoden, Trennung von Tier- und Pflanzenproduktion, Flurbereinigung sowie der Herauslösung vor- und nachgelagerter Arbeitsfelder verbunden war, wurde das neue agrarpolitische Leitbild des sozialistischen Großbetriebes durchgesetzt. Spezialisierung und Kooperation der überwiegend genossenschaftlichen Betriebe führten zu Dimensionen, die in den Nordbezirken im Mittel 5.000 ha LF erreichten.

Tabelle 4a
Betriebsstruktur in den drei Nordbezirken der DDR (Stand: 1989)

1.188		spezialisierte Großbetriebe	
	dav.	137	Volkseigene Güter (VEG)
		dar.	24 VEG (P) mit durchschnittl. 5.310 ha/LF
			99 VEG (T)
	dav.	984	Landwirtschaftliche Produktionsgenossenschaften (LPG)
		dar.	301 LPG (P) mit durchschnittl. 4.700 ha/LF
			683 LPG (T)
		67	sonstige Betriebe (KAP, ZBE, GPG etc.)

Quelle: Stat. Jahrbuch der DDR 1990

Veraltete Technik wurde zunehmend durch überhöhten Arbeitskräftebesatz kompensiert. Organisatorische Hemmnisse, Kooperationsmängel, Versorgungslükken bei Produktionsmitteln und hoher Verkehrsaufwand, aber auch staatlicher Dirigismus, Leitungs- und Qualifikationsschwächen erzwangen jährlich wachsende Subventionen, zu denen die Ertragsleistungen trotz ihres Wachstums in immer ungünstigerem Verhältnis standen.

Die proklamierten Ziele (wie z.B. autarke Versorgung der Bevölkerung und Erwirtschaftung von Überschüssen für den Export) konnten nicht konstant erreicht werden - und wenn, dann nur unter Verletzung marktwirtschaftlicher Aufwand-

Abbildung 1
Entwicklung der Landwirtschaftlichen Produktionsgenossenschaften (LPG)

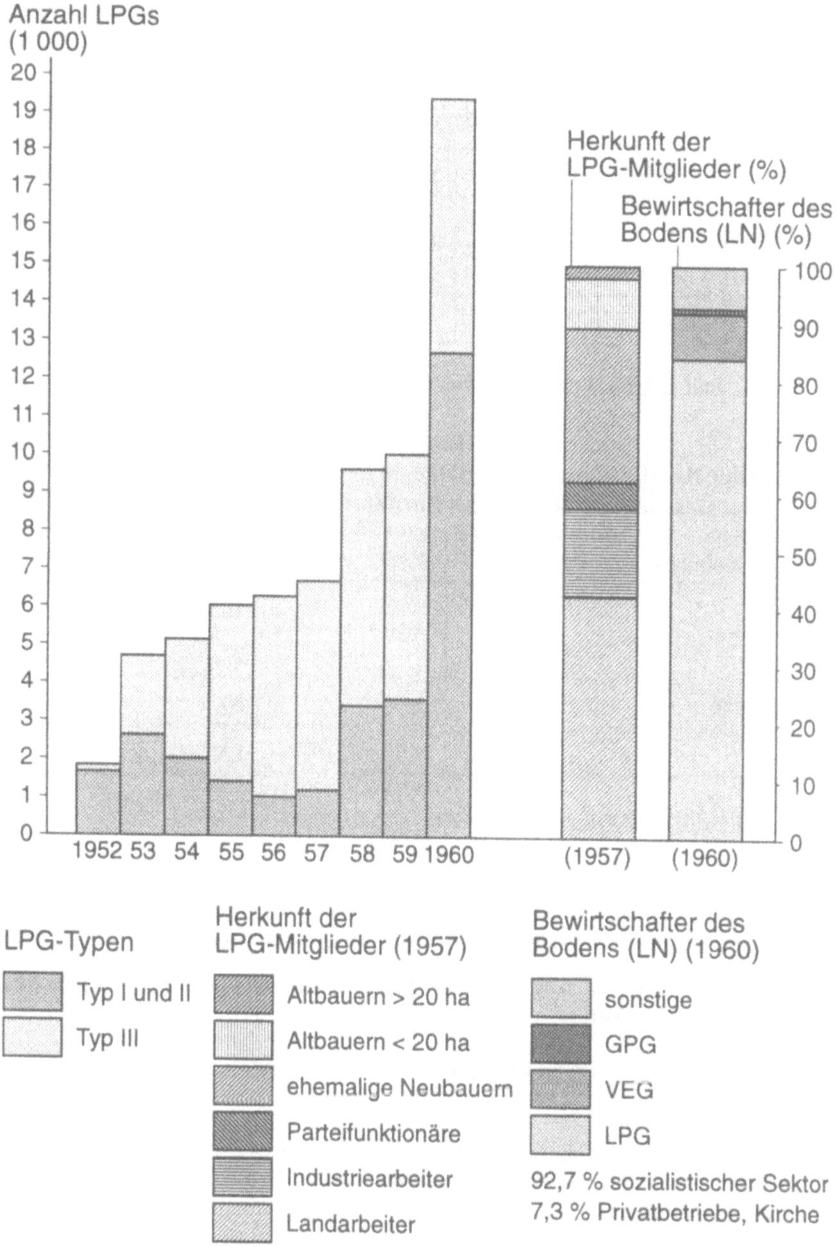

Quelle: Statistische Jahrbücher der DDR; Statistische Jahrbücher der Bezirke Rostock, Schwerin, Neubrandenburg

Nutzen-Relationen und auf Kosten der Umwelt (Melioration, Chemisierung) sowie der Freizeitansprüche der Beschäftigten (Nebenproduktion).

1989 galten für die Agrarverhältnisse in den drei Nordbezirken folgende Strukturmerkmale.

Tabelle 4b
Viehbesatz je 100 ha LF in den drei Nordbezirken der DDR (Stand: 1989)

	Rinder	dar. Kühe	Schweine	dar. Sauen	Schafe	Pferde
Nordbez.	84,1	29,6	189,3	17,3	25,7	1,4
DDR	92,8	32,4	194,7	17,4	42,2	1,6
BRD	125,7	43,4	191,2		17,0	3,2

Quelle: Stat. Jahrbuch der DDR 1990; 1991 für das vereinte Deutschland

Tabelle 4c
Anteil der Berufstätigen (o. Lehrlinge) in der Land- und Forstwirtschaft an den Gesamtbeschäftigten der Nordbezirke der DDR (1989) in %

Neubrandenburg	26,8
Rostock	14,6
Schwerin	22,1
Nordbezirke	20,0
DDR	13,7

Quelle: Stat. Jahrbuch der DDR 1990

- Die agrare Produktion erfolgte in spezialisierten Großbetrieben, darunter überwiegend in Landwirtschaftlichen Produktionsgenossenschaften (LPG).
- Die Hektarerträge blieben trotz aller Bemühungen unter denen auf vergleichbaren Böden in der BRD.
- Der Viehbesatz je 100 ha LF erreichte bei keiner Tierart den Durchschnittswert der DDR.
- Der Anteil der Berufstätigen in der Land- und Forstwirtschaft an den Gesamtbeschäftigten betrug für die drei Nordbezirke durchschnittlich 20%, im Bezirk Neubrandenburg sogar 27%. In der Primärproduktion war davon jedoch nur etwa die Hälfte tätig, so daß real nur knapp 10 AK auf 100 ha LF kamen.

Tabelle 4d
Berufstätige in der Land- und Forstwirtschaft der drei Nordbezirke (1989)

	insgesamt		insgesamt	
	AK	%	AK	%
Berufstätige insgesamt	215.600	100	75.000	34,9
davon in Genossenschaften	152.300	70,5	52.600	34,5
davon Arbeiter u. Angestellte	62.900	29,0	22.700	36,1
davon Selbständige/mithelf. Familienangehörige	500	0,5	300	60,0

Quelle: Stat. Jahrbuch der DDR 1990

- Der überwiegende Teil der insgesamt 215.600 Berufstätigen in der Land- und Forstwirtschaft arbeitete in den Genossenschaften, doch nahm in den letzten Jahren der Anteil derer immer mehr zu, die nicht gleichzeitig auch Genossenschaftsmitglieder waren. Nur ein knappes Drittel war als Arbeiter und Angestellte in den Volkseigenen Gütern sowie landwirtschaftlichen Dienstleistungsbetrieben (Agrochem. Zentren / ACZ u.ä.) beschäftigt. Bauern gab es kaum noch. Der Anteil der weiblichen Berufstätigen an den Gesamtbeschäftigten in der Landwirtschaft war schon seit 1970 rückläufig; er betrug Ende 1989 nur noch ca. 35%.

Die Wende im gesellschaftlichen System 1989/90 brachte der Landwirtschaft den dritten Umbruch innerhalb des letzten halben Jahrhunderts. Binnen kurzer Zeit mußte sie sich von bis dahin planwirtschaftlichen Strukturen mit dem Ziel maximaler Produktionsmenge auf nunmehr marktwirtschaftliche Strukturen mit dem Ziel möglichst effizienter Produktion umstellen. Die lockere Einbindung in den Rat für Gegenseitige Wirtschaftshilfe (RGW\=COMECON) wich dem strikten Zugriff der Europäischen Gemeinschaft mit Produktionslimitierungen, höheren Qualitätsanforderungen und komplizierten Subventionsvorschriften. Fast gleichzeitig war auch die Anpassung an die seit 1992 wirksamen neuen Rahmenbedingungen der EU-Agrarreform zu bewältigen.

Daß diese Transformation innerhalb weniger Jahre ohne Kapitalrücklage der betroffenen Landwirte abzulaufen hatte - noch dazu bei parallelen gravierenden Veränderungen im gesamten politischen, wirtschaftlichen, sozialen und kulturellen Umfeld - läßt wohl ahnen, welchen Belastungen die Landbevölkerung ausgesetzt war und noch immer ist.

Bis heute ist dieser Strukturwandel nicht abgeschlossen; das komplizierte, vielfältige und noch immer dynamische Geschehen wird durch ständig neu auftretende Problemfelder geprägt. Die jeweils aktuelle Situation widerspiegelt sich in zumeist höchst widersprüchlichen Informationen der Medien. Das erschwert deren agrargeographische Analyse erheblich.

Im Folgenden kann deshalb - aber auch aus Platzgründen - nur auf einige ausgewählte Aspekte eingegangen werden.

Der Weg in die Marktwirtschaft begann bereits Mitte 1990 mit der Währungsreform und dem Zusammenbruch der DDR-Absatzmärkte in Ost und West. Erlöseinbußen und Ansprüche ehemaliger Genossenschaftsmitglieder auf Inventarbeiträge führten in Mecklenburg-Vorpommern dazu, daß über 200 ehemalige LPG (23%) in Liquidation gingen.

Die Mehrzahl der Genossenschaften entschied sich aber für eine Umstrukturierung entsprechend den Vorgaben des Landwirtschaftsanpassungsgesetzes, die bis Ende 1991 abgeschlossen sein mußte. Zwar orientierte das agrarpolitische Leitbild der Altbundesländer auf den landwirtschaftlichen Vollerwerbs-Familienbetrieb; da jedoch Bauernhöfe schon vor 1939 in Mecklenburg und Vorpommern nur von untergeordneter Bedeutung waren, blieb das Interesse für diese Unternehmensform trotz staatlicher Förderung gering. Auch die hohen Defizite an betriebswirtschaftlichen und rechtlichen Kenntnissen sowie der Mangel an Kapitalrücklagen trugen dazu bei, daß damals anderen Rechtsformen (wie GmbH und eingetragenen Gesellschaften) der Vorzug gegeben wurde.

Bis Mitte 1994 haben sich nun über 4.400 landwirtschaftliche Betriebe unterschiedlicher Rechtsformen herausgebildet. Die Mehrzahl von ihnen (84%) befindet sich in der Hand sog. "Natürlicher Personen"; sie bewirtschaften aber nur gut ein Drittel der landwirtschaftlich genutzten Fläche (39%). Unter ihnen sind zahlenmäßig die bäuerlichen Familienbetriebe - tendenziell sogar zunehmend - führend; auch ihr Anteil an der landw. genutzten Fläche hat deutlich zugenommen, wobei zwischen Haupt- und Nebenerwerbsbetrieben erhebliche Größenunterschiede bestehen.

Die restlichen 16% der Agrarunternehmen in Mecklenburg-Vorpommern gehören zur Rechtsform sog. "Juristischer Personen", die inzwischen fast zwei Drittel der LF bewirtschaften. Überwiegend handelt es sich hierbei um Betriebe des privaten Rechts (sog. LPG-Nachfolger) mit im Mittel 1.300 ha Betriebsgröße.

Insgesamt werden derzeit fast 80% der LF von Unternehmen (unterschiedlicher Rechtsform) mit einer Größe von über 500 ha bewirtschaftet. Damit besitzt Mecklenburg-Vorpommern unter allen Bundesländern, ja sogar unter allen Regionen der EU, die günstigste Betriebsgrößenstruktur - was ursprünglich ganz sicher nicht gewollt, aber von der bundesdeutschen Agrarpolitik (bisher ?) auch nicht zu verhindern war.

Tabelle 5
Anzahl und Größe der landwirtschaftlichen Betriebe 1992 und 1994 nach Rechtsformen in Mecklenburg-Vorpommern

Rechtsform	1992			1994		
	Anzahl	Fläche ∅ ha	Anteil an LF % ('93)	Anzahl	Fläche ∅ ha	Anteil an LF %
Betriebe insgesamt	3.562	373	100	4.494	302	100
Natürliche Personen	2.863	153	42	3.779	139	39
- Einzelunternehmen	2.535	82	19	3.217	91	22
• Haupterwerb	1.157	.	.	1.578	174	
• Nebenerwerb	1.262	.	.	1.639	19	.
- Personengesellsch.	323	693	14	562	420	17
Juristische Personen	699	1.266	67	715	1.171	61
- öffentl. Rechts	19	484	2	7	264	1
- privaten Rechts	680	1.289	62	708	1.180	60
• e.V.	9	46	.	22	30	.
• e.G.	285	1.490	.	229	1.466	.
• GmbH	384	1.157	.	357	990	.
• GmbH u. Co KG	.	.	.	81	1.495	.
• AG	19	1.365	.	17	1.206	

Quelle: Agrarberichte MV 1994; 1995

Anmerkung: Kleinstbetriebe < 1 ha je nach Merkmal unterschiedlich berücksichtigt.

Auch wenn inzwischen eine gewisse Konsolidierung eingetreten ist, stehen nämlich noch immer zu existentiellen Fragen der Landwirtschaft definitive Entscheidungen aus. Das könnte den Stabilisierungsprozeß erneut gefährden - z.B. weil die Vergabe von Krediten an landwirtschaftliche Betriebe verzögert oder, wie im Falle der LPG-Nachfolger zumeist sogar noch behindert wird.

Ferner ist bis heute der Anteil bewirtschafteter Eigentumsflächen in allen Unternehmensformen sehr gering (unter 8%). Über 80% des jeweiligen Bodenfonds sind Pachtflächen, die größtenteils von der Bodenverwertungs- und -verwaltungsgesellschaft (BVVG / Nachfolgeorganisation der Treuhand für landwirtschaftliche

Belange) verwaltet werden. Der Abschluß von zunächst nur einjährigen Pachtverträgen bot den landw. Betreibern wenig Sicherheit und verhinderte die besonders anfangs dringend erforderlichen Modernisierungs-Investitionen. Erst nach massiven Protesten der Betroffenen war die BVVG ab 1994 bereit, zunehmend auch Verträge über längere Laufzeiten (bis zu 12 Jahren und mehr) und auch mit "Juristischen Personen" abzuschließen. Dadurch wurden zwar diese Betriebe für die Banken kreditwürdig, sind aber längst nicht endgültig in ihrer Existenz gesichert. Entgegen den Festlegungen im Einigungsvertrag fordern nämlich zahlreiche Alteigentümer ihren ehemaligen, durch die Bodenreform verlorenen Besitz zurück. Zwar wurden diese Forderungen durch das Bundesverfassungsgericht 1994 abgewiesen, doch plädierte Karlsruhe für eine sog. "Ausgleichsregelung", ohne diese allerdings näher zu definieren.

Unter dem anhaltenden Druck der Alteigentümer hat die BVVG bisher mit Vorzugsangeboten langfristiger Pachtverträge für ausgewählte Interessentengruppen reagiert:

- zum einen für ortsansässige Familienbetriebe (Neu- und Wiedereinrichter)
- zum anderen für weitere Interessenten (damit auch und gerade für die aus politischen Gründen bevorzugten früheren Gutsbesitzer), sofern eine schlüssige Bewirtschaftungskonzeption vorhanden ist.

Diese Entwicklung wird nicht ohne Einfluß auf die derzeitige Betriebsstruktur bleiben, denn sie bedeutet v.a. für die Unternehmen "Juristischer Personen" eine zunehmende Gefährdung ihrer weiteren Existenz, nicht zuletzt wegen des möglichen Verlustes größerer Areale ihrer gepachteten Wirtschaftsfläche.

Bestandsunsicherheit resultiert auch aus der noch immer gültigen Altschuldenregelung. Seit den 70er Jahren wurden landwirtschaftliche Großbetriebe verpflichtet, die mit der Konzentration von Produktion und Bevölkerung erforderlichen Bauten technischer und sozialer Infrastruktur selbst zu realisieren, wofür ihnen vom Staat Gelder aus dem Staatshaushalt zur Verfügung gestellt wurden. Diese Mittel hat man nach der Wende kapitalisiert und kommerzialisiert. Die LPG-Nachfolgebetriebe sollen nun an eine im Staatsauftrag handelnde Bank sowohl die ursprünglichen Zuwendungen als auch die auflaufenden immensen Zinsen weitestgehend zurückzahlen. Diese sehr umstrittene Entscheidung sowie die noch immer ausstehende Begleichung der Ansprüche ehemaliger LPG-Mitglieder würden zusammen mit einem eventuellen Aufkündigen von Pachtflächen wohl für viele der großen Unternehmen das endgültige "Aus" bedeuten. Daß damit weitere Arbeitsplätze auf dem Lande gefährdet wären, darf angenommen werden. Die zunehmenden Umsatzverluste, die sich für alle Agrarbetriebe aus der Agrarreform der Europäischen Union und aus den weltweiten Währungsturbulenzen ergeben, sind für die Betreiber "Juristischer Unternehmen" bisher schon eine besondere Belastung gewesen. Für die Modernisierung ihrer Betriebe und Anpassung an die Qualitätsstandards konnten sie nämlich beinahe nur auf die Erlöse aus dem Verkauf ihrer

Produkte zurückgreifen, da sie - weil noch "Schuldner" gegenüber dem Staat - nicht generell als kreditwürdig gelten.

Strukturelle Veränderungen in der Landwirtschaft spiegeln sich auch in der Entwicklung der Beschäftigtenzahlen sowie der Arbeitsproduktivität wider.

Tabelle 6
Erwerbstätigenzahl in der Land-, Forst- u. Fischwirtschaft in Mecklenburg-Vorpommern 1990 - 1994

	Anzahl der Erwerbstätigen					Bilanz 1994: 1990	
Bereich	1990	1991	1992	1993	1994	Pers.	auf %
Landwirtsch.	128.273	71.396	36.400	30.668	27.940	-100.333	21,8
Forstwirt.	6.401	4.958	3.584	3.059	3.073	-3.328	48,0
Fischwirt.	6.242	2.257	2.177	1.223	1.189	-5.053	19,0
insgesamt	140.916	78.611	42.161	34.943	32.202	-108.714	22,8

Quelle: Agrarbericht MV 1994; 1995

Danach haben in MV von 1990 bis Ende 1994 insgesamt über 108.000 Erwerbstätige ihren Arbeitsplatz im Sektor Land-, Forst- und Fischwirtschaft verloren, darunter allein im Bereich Landwirtschaft über 100.000. Das bedeutet eine Reduzierung ihrer Beschäftigten auf knapp 22% des Standes von 1990.

Während allein von Ende 1991 bis Ende 1992 jeder zweite Erwerbstätige seinen Arbeitsplatz in der Landwirtschaft Mecklenburg-Vorpommerns verlor, konnte seitdem der Rückgang zwar bis heute verlangsamt, aber nicht aufgehalten werden. Im gleichen Zeitraum stieg die Arbeitsproduktivität, allerdings nach Betriebs- und Rechtsformen der Unternehmen unterschiedlich, zwischen 30% und 70%. Zu den effektivsten zählen inzwischen die Personengesellschaften / GbR[1], wo eine Arbeitskraft rund 130 ha LF bewirtschaftet. Die bäuerlichen Familienbetriebe bewältigen knapp 90 ha pro AK, die Betriebe der Gruppe "Juristische Personen" aber nur 60 ha, haben also einen doppelt so hohen AK-Besatz wie die ähnlich großen GbR.

Die Mehrzahl der LPG-Nachfolgebetriebe versucht eben immer noch, vielleicht aus sozialen Gründen und unter dem Druck der noch ausstehenden Inventarbeitragsrückerstattung, möglichst viele Arbeitskräfte zu halten. Ein weiterer Rückgang der Beschäftigten um ca. 3.000 Personen scheint aber in nächster Zeit unvermeidbar, um die Rentabilität der Betriebe zu sichern.[2]

---

[1] Gesellschaft bürgerlichen Rechts

[2] Ostsee-Zeitung v. 8.10.1994

So notwendig einerseits die Verringerung des einst völlig überhöhten Arbeitskräftebesatzes in der Landwirtschaft war, so zwingend ergeben sich andererseits daraus für den stark monostrukturell geprägten ländlichen Raum Mecklenburg-Vorpommerns gravierende Probleme. Der nach der Wende insgesamt erheblich geschrumpfte Arbeitsmarkt des Landes konnte den zahlreichen Freigesetzten aus der Landwirtschaft kaum Arbeitschancen bieten. Die Folge sind hohe Arbeitslosenquoten (im Jahresdurchschnitt 1994 = 17,0%, in den östlichen Kreisen Mecklenburg-Vorpommerns über 20%, in vielen Gemeinden weit darüber !) und starker Bevölkerungsrückgang, vor allem in der Region Vorpommern durch anhaltende Wanderungsverluste und Geburtenverweigerung.

Diese Entwicklung läßt befürchten, daß die Überalterung der Landbevölkerung bei insgesamt rückläufiger Zahl weiter zunehmen wird, was nicht ohne Folgen für eine nachhaltige Agrarwirtschaft, aber auch den künftigen Ausbau der Infrastruktur bleiben dürfte. Damit scheint die Sicherung gleichwertiger Lebensverhältnisse - oberstes Raumordnungsziel - vor allem in den Maschen zwischen den Entwicklungsachsen sowie außerhalb der suburbanen Zonen und touristischen Gebiete unmöglich.

Für die agrare Produktion stehen Mecklenburg-Vorpommern nach den Gebietsveränderungen von 1993 nun 1,3 Mio. ha LF zur Verfügung. Damit besitzt das Land das größte Flächenpotential unter den neuen Bundesländern und steht an 5. Stelle im Bundesgebiet.

Die natürlichen Standortbedingungen für die Landwirtschaft sind in diesem relativ homogen wirkenden, weil durchweg jungpleistozän-holozänen Raum aber doch so unterschiedlich, daß die Landesregierung fünf Agrarregionen unterscheidet.

Für die ackerbauliche Nutzung bieten die drei nördlich des Mecklenburgischen Landrückens gelegenen Regionen gute Bedingungen; Bodenpunkte zwischen 40 und 50 sowie ein höchstens durchschnittlicher Grünlandanteil beweisen das.

In den Sandergebieten von Südwestmecklenburg, der Seenplatten und im Uekker-Randow-Kreis / Ostvorpommern werden nur Bodenpunkte von 15 bis 30 erreicht, weshalb der Grünlandanteil über 50% liegt. Unter marktwirtschaftlichen Bedingungen sollte man hier am ehesten eine Produktionsflächenaufgabe bzw. rigorose Beschränkung zugunsten Aufforstung und/oder touristischer Erschließung erwarten. Allerdings werden entsprechend der EU-Richtlinien für Flächen mit ungünstigen Boden- und Reliefverhältnissen Ausgleichszahlungen geleistet. In Mecklenburg-Vorpommern wurden bisher mehr als 50% der LF als sog. "benachteiligte Gebiete" eingestuft, die sich auf alle Agrarregionen verteilen. Da jedoch der Anteil derartiger Flächen und damit auch der Ausgleichszahlungen in Nordwestmecklenburg besonders gering ist, darf sicher ein Zusammenhang vermutet werden mit dem dort höchsten Anteil an landwirtschaftlich nicht mehr genutzten Arealen. Das Verhältnis Ackerland zu Dauergrünland hatte sich bereits seit den

Abbildung 2
Agrarregionen in Mecklenburg-Vorpommern

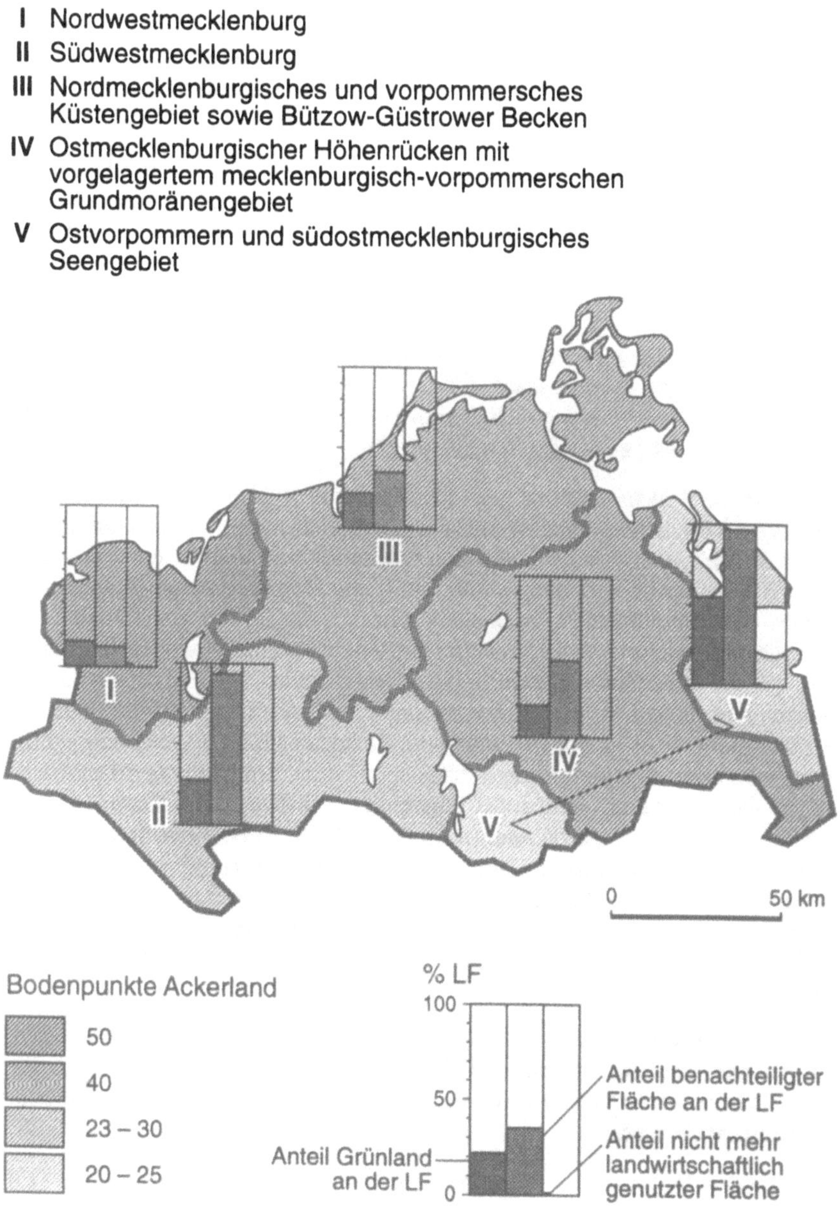

Quelle: Agrarbericht 1995 des Landes Mecklenburg-Vorpommern, ergänzt durch G. ALBRECHT

60er Jahren immer stärker zugunsten des Ackerlandes verschoben. Inzwischen ist die Ackerfläche aber wieder rückläufig, erreicht jedoch noch einen Anteil von fast 79% an der LF. Das Grünland zeigt Veränderungen insofern, als die Wiesenfläche erheblich reduziert wurde, während die extensivere Weidefläche wieder leicht zugenommen hat. Die Grünlandnutzung ist jedoch generell extensiver geworden. Um dabei zugleich eine bessere Landschaftspflege zu erreichen, wurde deshalb 1993 das Förderprogramm "Naturschutzgerechte Grünlandnutzung" aufgelegt, worin der Grünlandrenaturierung ein vorrangiger Stellenwert eingeräumt wird.

Wesentlich größer sind die Veränderungen, die sowohl die Ackerfläche als auch das Ackerflächenverhältnis einiger Fruchtarten betreffen. Die Nutzungsstruktur hatte sich mit der hochgradigen Spezialisierung der Agrarbetriebe in der DDR bereits seit den 70er Jahren gegenüber der traditionellen Ausprägung erheblich verändert. Seit Wirksamwerden der EU-Agrarreform unterliegt sie erneut einem Wandel, weil finanzielle Flächenbeihilfen für den Anbau bestimmter Kulturen sowie für die Stillegung gezahlt werden. So hat sich der Anteil der Brache an der LF seit 1992 mehr als verdoppelt; 1994 betrug er 16% (über 165.000 ha Ackerland). Ab 1996 soll er in allen Ländern der Europ. Union aber nur noch 10% betragen, egal, ob als Dauer- oder Rotationsbrache.

Das Ackerflächenverhältnis zeigt seit dem Jahr 1990 folgende Entwicklung: Die Getreidefläche insgesamt ist anhaltend stark rückläufig, was auch für alle Getreidearten gilt mit Ausnahme des Roggens, dessen Anbau 1994 um 15% gegenüber 1993 wieder ausgeweitet wurde. Stark eingeschränkt wurde gleichfalls der Anbau von Hülsenfrüchten, bedenklich reduziert der Anbau von Hackfrüchten. Besonders alarmierend ist dabei die Entwicklung im ehemals traditionellen Kartoffel-, speziell Speisekartoffelanbau, wo gegenüber früher der Bedarf aus eigenem Aufkommen nicht mehr gedeckt werden kann. Fehlende Effektivität der Erzeugerbetriebe aufgrund zu geringer Erträge und Produktqualität bei gleichzeitig gestiegener auswärtiger Konkurrenz und sinkenden Preisen, demgegenüber aber steigenden Produktionskosten, werden als Hauptgründe für diese Entwicklung genannt. Während jedoch die Kapazitätsentwicklung von Stärke- und Veredelungsbetrieben in Mecklenburg-Vorpommern positiv verlief (Stavenhagen, Hagenow), konnten die vertraglich gebundenen Mengen für die industrielle Verarbeitung 1994 nicht bereitgestellt werden, so daß die Kampagne der Stärkefabriken vorzeitig zum Abschluß kam und die Veredelungsfabriken zusätzlich aus anderen Bundesländern importieren mußten.

Dramatisch verlief auch - nicht zuletzt wegen der geringen Produktionsquoten - der Rückgang des Zuckerrübenanbaus (auf 43% der Anbaufläche 1994 gegenüber 1989) und der Zuckerfabriken, von denen nur Anklam und Güstrow (beide heute modernisiert) überlebten.

Im Gegensatz dazu stehen alle Ölfrüchte. Die von der EU-Agrarpolitik in den letzten Jahren gewährten Anbauprämien für Raps sowie die Ölsaatenbeihilfen ließen die Anbaufläche für Ölfrüchte auf 250.000 ha, d.h. auf ein Viertel der Akkerfläche, ansteigen. Inzwischen orientiert aber die Agrarpolitik der Gemeinschaft auf eine empfindliche Reduzierung des Rapsanbaus und legte im "Blair-House-Abkommen" eine entsprechende Quotierung fest. Danach sollte bereits 1995 die Anbaufläche um 1/3 verringert werden, was allerdings den Rapsanbau für den sog. Non-Food-Bereich, d.h. als Rohstoff für Bio-Diesel, nicht betraf, der sogar auf Bracheflächen angebaut werden konnte. Mecklenburg-Vorpommern hat darüberhinaus Quotenanteile für Ölsaatenflächen an andere Neu-Bundesländer abgeben müssen.

Neben der Flächenstillegung als Regulativ einer mengenmäßigen Produktionseinschränkung wurde bis 1993 auch Flächenextensivierung durch ökologischen Landbau finanziell gefördert. Davon profitierten bis Ende 1993 über 380 Landwirte in Mecklenburg-Vorpommern mit einer Gesamtfläche von über 70.000 ha LF. Die Akzeptanz dieser extensiven Bewirtschaftungsform ist weiter positiv, obgleich der ökologische Landbau ab 1994 finanziell nicht mehr besonders unterstützt wird. Regional konzentriert er sich auf die südlichen und nordöstlichen Landesteile mit hohem Grünlandanteil sowie auf die Sandstandorte der Ueckermünder Heide.

Für die Tierproduktion brachte der Wechsel zur Marktwirtschaft zweifellos die größten Veränderungen. Einst hoch subventioniert und auf Quantität der Bestände orientiert, setzte mit dem Wegfall von Abnahmegarantien und Subventionen nicht nur ein struktureller Wandel sondern vor allem eine erhebliche Bestandsdezimierung ein, die nicht zuletzt durch das schnell angepaßte Kaufverhalten der Bevölkerung einschließlich aller Veränderungen in den Verzehrgewohnheiten durch die nun breitere Angebotspalette noch beschleunigt wurde.

So haben sich die Rinderbestände bis heute gegenüber 1990 halbiert, was vor allem auf den Rückgang der Milchkühe zurückzuführen ist. Der Bestand von Schweinen und Schafen ist sogar jeweils auf ein knappes Drittel geschrumpft. Obwohl Reittouristik und Reitsport zu den Aushängeschildern Mecklenburg-Vorpommerns gehören, ist auch die Zahl der Pferde insgesamt weiter rückläufig, wenngleich sich der Bestand an Kleinpferden erhöht hat.

Insgesamt wurde 1994 ein Tierbestand von 39 GV je 100 ha LF erreicht, wonach Mecklenburg-Vorpommern inzwischen zur tierärmsten Region Deutschlands geworden ist.

Die Gründe dieser Negativentwicklung sind vielfältig. Sie reichen von der fehlenden Effizienz der Tierhaltungsbetriebe, Verlusten aufgrund von Viehseuchen (Schweinepest), veralteten Vermarktungsanlagen, veränderten Qualitätsansprüchen an die Primärprodukte bis zur verstärkten Konkurrenz auf dem Fleischwarenmarkt und dem zeitgleich mit der Wende auftretenden Verlust des osteuropäischen Absatzmarktes.

Im Gegensatz zur Bestandsdezimierung verlief die Leistungsentwicklung in der Tierhaltung, doch weist Mecklenburg-Vorpommern trotz der erzielten Verbesserungen in vielen Positionen weiterhin Defizite gegenüber den Altbundesländern auf. Besonders betroffen sind dabei die Halter von Milchkühen, weil die Rentabilität der Milcherzeugung primär von der Milchleistung bestimmt wird. Infolge der

Bestandsdezimierung konnten die Milchquoten für das Land bisher nicht ausgeschöpft werden. Die erzielten Erlöse blieben auch deshalb so gering, weil die Aufkaufpreise für Milch in Mecklenburg-Vorpommern mit höchstes 51 Pf. pro l nicht nur unter dem Durchschnitt der neuen Bundesländer liegen, sondern auch an letzter Stelle in Deutschland. Daraus ergeben sich für viele Landwirte Existenzprobleme. Um in Zukunft Erlöseinbußen infolge von Qualitätsmängeln, Quotenregelungen und sinkender Preise zu minimieren, bedarf es langfristiger und gezielter Investitionen, zu denen eben viele der Unternehmen sowohl privater wie juristischer Rechtsform aus den schon genannten Gründen nicht in der Lage sind.

Trotz der bisher angesprochenen und vieler weiteren, hier aus Platzgründen nicht erwähnten Probleme bleibt die Agrarwirtschaft wegen der prinzipiell günstigen Produktionsressourcen, reichen Produktionserfahrungen und bestehenden Produktionsstrukturen ein Standbein der Regionalentwicklung in Mecklenburg-Vorpommern. Wenn sie hier auch nur 4,3% der Bruttowertschöpfung erbringt und nur 7% der Arbeitskräfte beschäftigt, bestimmt sie doch entscheidend die Kulturlandschaft. Von ihrer landschaftspflegerischen Leistung wird es vor allem abhängen, ob auch die zukünftigen Generationen noch eine lebenswerte Umwelt vorfinden. Sie ist ein wesentlicher Faktor im Wirkungsgefüge nachhaltiger Regionalentwicklung, dem auch von geographischer Seite in Greifswald in Zukunft mehr Aufmerksamkeit gewidmet werden müßte.

Lukas Kaltenbach

GRUNDSATZFRAGEN DER WIRTSCHAFTSPOLITIK IN MECKLENBURG-VORPOMMERN

Zuerst möchte ich die Größenordnung des Aufholprozesses Mecklenburg-Vorpommerns gegenüber den alten Bundesländern darstellen. Mecklenburg-Vorpommern weist zur Zeit etwa die Hälfte des Bruttoinlandsprodukts pro Kopf der alten Bundesrepublik auf. Unterstellt man für Mecklenburg-Vorpommern ein anhaltend hohes Wachstum von 7% , bei einem Wachstum der alten Länder von 2%, so erfolgt eine Angleichung erst im Jahre 2010.

Im folgenden werden fünf wichtige Grundsatzfragen für Mecklenburg-Vorpommern herausgegriffen.

Strukturpolitik

Unter Strukturpolitik verstehe ich in diesem Zusammenhang staatliche Fördermaßnahmen für die Neuen Bundesländer. Die Gemeinschaftsaufgabe "Verbesserung der regionalen Wirtschaftsstruktur" stellt hierbei das vom Finanzvolumen her wichtigste Förderinstrumentarium dar.

Das Programm wird eingesetzt für investive Maßnahmen der gewerblichen Wirtschaft und der wirtschaftsnahen Infrastruktur. Im Jahr 1994 standen uns im Rahmen dieses Programms 1,07 Mrd. DM zur Verfügung, die sich jeweils zur Hälfte aus Bundes- und Landesmitteln zusammensetzten. Die Förderung erfolgt durch verlorene Zuschüsse, als Anteilsfinanzierung für eine Investition, sowohl für einzelbetriebliche Förderung an Unternehmen oder für Infrastrukturförderung an Kommunen.

Einzelne Wirtschaftsinstitute haben kürzlich die Meinung geäußert: Nachdem bisher eine breit angelegte Investitionsförderung sinnvoll gewesen sei, sollte man künftig die Förderpolitik straffen, um allmählich den Ausleseprozeß am Markt zum Zuge kommen zu lassen.

Was die betrieblichen Ansiedlungszuschüsse an einzelne Unternehmen anbetrifft, warnen die Institute vor Allokationsverzerrungen zwischen Arbeit und Kapital. Es besteht die Gefahr, daß durch die betriebliche Förderung ein überhöhter Kapitalbestand entsteht, der dann auch das Ziel der Arbeitsplatzschaffung konterkariert. Genauso möglich wie ein überhöhter Kapitalbestand wäre auch, daß besonders arbeitsintensive oder branchenspezifische Jobs gefördert werden, um die Beschäftigung zu erhöhen. In einem solchen Fall würde man durch die Investitionszuschüsse nur das Festhalten an überkommener Technik fördern, um kurzfristig Arbeitsplätze halten zu können.

Die meisten Institute plädieren für eine stärkere Förderung der Infrastrukturausstattung. Die Infrastruktur einer Region ist die Schlüsselfunktion für Wirtschaftswachstum. Deshalb wird die bisherige staatliche Infrastrukturförderung befürwortet, differenziert nach den sich allmählich als besonders strukturschwach herauskristallisierenden Regionen Ostdeutschlands.

Die Landesregierung ist zwischen den beiden unterschiedlichen Auffassungen einen Mittelweg gegangen. Sie hat in den vergangenen Jahren etwa die Hälfte ihrer Gemeinschaftsaufgabe-Mittel in den Ausbau der wirtschaftsnahen Infrastruktur eingesetzt.

Im Jahr 1994 sind im Bereich der wirtschaftsnahen Infrastruktur 228 Vorhaben mit einem Volumen von fast 640 Mio. DM gefördert worden. Damit wurde ein Investitionsvolumen von über 1,1 Mrd. DM mitfinanziert.

Bisher wurde ein Großteil der Mittel in die Erschließung von Gewerbegebieten eingesetzt. Derzeit sind die 158 geförderten Gewerbegebiete (davon 16 wiedernutzbar gemachte Altstandorte) durchschnittlich zu 70% belegt.

Im Jahre 1994 sind weiterhin Mittel in die Modernisierung und den Ausbau von Hafenanlagen und Flugplätzen sowie in den Bau von vom Gewerbe genutzten Abwasserentsorgungsanlagen geflossen. Außerdem wurden Gewerbe- und Technologiezentren, Infrastrukturmaßnahmen für den Fremdenverkehr und der Bau von Ausbildungsstätten gefördert.

Nachdem wir die Frage: Betriebliche Förderung oder Infrastrukturförderung diskutiert haben, möchte ich als nächstes auf Aspekte der konkreten Ausgestaltung der Förderung eingehen.

Dies ist ein wichtiger Punkt, der sich in der Wirtschaftsförderung fast täglich neu stellt.

Soll man in der Wirtschaftsförderung das Ausgleichsziel im Sinne eines Ausgleichs der Regionen oder ein selektives Ziel der Förderung von Wachstumsregionen stärker betonen. Dies hat z.B. bei dem erwähnten Programm "Gemeinschaftsaufgabe Verbesserung der regionalen Wirtschaftsstruktur" Konsequenzen auf die Fördersätze.

Bei einer stärkeren Betonung des Ausgleichsziels müßten die Fördersätze in den strukturschwachen Gebieten möglichst hoch sein, um Investitionen dorthin zu lenken. Eine solche Verteilungspolitk verbessert die Chancen der Menschen auf dem Lande, verhindert Abwanderung und schafft im ländlichen Raum Kaufkraft, die wiederum einen regionalen Wirtschaftskreislauf auslösen könnte. Ausgleichspolitik ist damit in hohem Maße unter einem Gerechtigkeitsaspekt zu verstehen.

Auf der anderen Seite steht eine stärkere Betonung der Wachstumszentren. Indem man verstärkt in den Wachstumszentren fördert, schafft man Wirtschaftsmagneten, also wirtschaftliche Zentren mit entsprechenden Synergievorteilen. Damit stärkt man die Volkswirtschaft als Ganzes, vernachlässigt möglicherweise jedoch den ländlichen Raum.

Die Landesregierung hat sich tendenziell für den ausgleichspolitischen Gedanken entschieden. Im Sinne dieser Ausgleichspolitik erhalten die strukturschwächsten Regionen des Landes bei der betrieblichen Förderung erhöhte Förderhöchstsätze.

Das heißt: Unternehmen, die in den östlichen Landkreisen Nordvorpommern, Demmin, Ostvorpommern, Uecker-Randow, Rügen, Müritz, Mecklenburg-Strelitz bzw. in den Städten Greifswald, Stralsund und Neubrandenburg investieren, erhalten Zuschüsse von bis zu 35% ihrer Investitionskosten.

In den westlichen Kreisen Nordwestmecklenburg, Ludwigslust, Bad Doberan, Güstrow, Parchim und in den Städten Rostock, Wismar und Schwerin können Unternehmen Zuschüsse von bis zu 28% der förderfähigen Kosten erhalten.

Um eine einseitige Ausrichtung auf räumliche Aspekte zu vermeiden, wurden bei den Förderkriterien auch sachlich-strukturelle Aspekte aufgenommen. Kleine und mittlere Unternehmen, insbesondere Unternehmen mit innovativem, exportorientiertem Potential, erhalten landesweit zusätzlich zu der nach räumlichen Gesichtspunkten gewährten Förderung einen Zuschuß von bis zu 15% der förderfähigen Kosten.

Bei Fremdenverkehrsbetrieben werden die Förderhöchstsätze von 35% nur in den Erholungsgebieten gewährt. Investitionsvorhaben von Fremdenverkehrsbetrieben außerhalb der Erholungsgebiete können grundsätzlich mit bis zu 28% der förderfähigen Investitionskosten gefördert werden.

Im Gegensatz zu der betrieblichen Förderung werden Infrastrukturvorhaben vorrangig in Schwerpunktorten gefördert, um die Entstehung wirtschaftlicher Zentren anzuregen. Hier wurde ein Regelfördersatz von 50% der förderfähigen Kosten eingeführt. Hier hat man sich also stärker um einen wachstumspolitischen Ansatz bemüht.

Bei den Vorhaben der öffentlichen Fremdenverkehrsinfrastruktur wiederum gibt es keine regionale Schwerpunktsetzung. Grundsätzlich können Infrastruktureinrichtungen des Fremdenverkehrs mit bis zu 50% der förderfähigen Investitionskosten gefördert werden.

Die Rolle der Arbeitsmarktpolitik im Rahmen einer standortorientierten Wirtschaftspolitik

Die anhaltend hohe Arbeitslosigkeit in der Bundesrepublik Deutschland und in Mecklenburg-Vorpommern hat eine politische Diskussion um die Schaffung zusätzlicher, in der Regel öffentlich finanzierter Beschäftigungsmöglichkeiten ausgelöst. Kurz- und mittelfristig reichen die wirtschaftlichen Kräfte am Markt nicht aus, um das bestehende Ungleichgewicht zwischen Arbeitskräfteangebot und -nachfrage auszugleichen.

Daher wird es als notwendig angesehen, Arbeitslosen eine solche Beschäftigung zu vermitteln, die der Festigung beruflicher Kenntnisse und Fertigkeiten dient sowie Motivationsverlusten entgegenwirkt. Anstatt Arbeitslosigkeit zu finanzieren, sei es erfolgversprechender, die Mittel für unkonventionelle arbeitsmarktpolitische Maßnahmen einzusetzen. Arbeitsbeschaffungsmaßnahmen schaffen befristete Beschäftigungsmöglichkeiten für den Einzelnen und entlasten den Arbeitsmarkt. Da ein Großteil der Arbeitsbeschaffungsmaßnahmen (z.B. Altlastensanierung, Abbruch- und Räumungsprojekte) investiven Charakter trägt, unterstützen solche Projekte den Strukturwandel durch Verbesserung der Angebotsbedingungen und fördern so das Entstehen von Dauerarbeitsplätzen. Außerdem gerät der Einzelne dadurch nicht ins gesellschaftliche Abseits, geht einer geregelten Arbeit oder Fortbildung nach und erhält somit die Chance, aus eigener Kraft wieder ein neues Beschäftigungsfeld zu finden.

Allerdings darf man die möglichen negativen gesamtwirtschaftlichen Wirkungen öffentlich geförderter Beschäftigungsverhältnisse nicht aus dem Auge verlieren:

* Wenn der Staat Arbeitslose in größerem Umfang durch eine subventionierte Beschäftigung auffängt, werden die Tarifpartner aus ihrer ureigenen Verantwortung für die Beschäftigung entlassen.

* Öffentlich geförderte Arbeitsplätze verdrängen tendenziell Arbeitsplätze in privaten Unternehmen, insbesondere in kleinen und mittleren Unternehmen, die ihre Kosten im Wettbewerb und am Markt erwirtschaften müssen.

* Nicht unproblematisch sind auch die Wirkungen auf die Betroffenen selbst, die auf subventionierte Tätigkeiten abgedrängt werden und dort verharren. ABM-Beschäftigten wird der trügerische Eindruck eines normalen Arbeitsplatzes vermittelt.

* Die Finanzierung subventionierter Tätigkeiten erfolgt durch Beiträge von Arbeitnehmern und Unternehmern an die Bundesanstalt für Arbeit und über Steuern. Eine Ausdehnung der finanziellen Beiträge für arbeitsmarktpolitische Maßnahmen erhöht indirekt auch die Abgabenbelastung der jetzt noch wettbewerbsfähigen Unternehmen.

Ausgestaltung der Industriepolitik

Bei der Diskussion um diesen geht es um die Frage, ob durch die Wirtschaftsförderung wirklich neue zukunftsträchtige Investitionen ausgelöst werden, oder ob man dadurch nicht alte, nicht-wettbewerbsfähige Industriestrukturen konserviert.

Dieser Streit ist ganz besonders bei der Privatisierung um die sogenannten industriellen Kerne erbittert geführt worden. Die wirtschaftswissenschaftlichen Institute warnten vor einer Verhinderung des Strukturwandels durch staatliches Engagement. Es wurde argumentiert, die knappen finanziellen Ressourcen könnten effizienter in innovative Neuansiedlungen eingesetzt werden.

Die Landesregierung ist auch hier einen Mittelweg gegangen, insofern als sie die Begleitung der strukturbestimmenden Unternehmen immer mit dem Ziel der Privatisierung verfolgte. Mit Hilfe des landeseigenen ANKER-Projekts wurden 30 regional bedeutsame Treuhandunternehmen saniert bzw. privatisiert und damit die jeweiligen Produktionsstandorte erhalten.

Neben einem spezifischen Förderinstrumentarium gab es im Rahmen des Anker-Projektes ein Team von Beratern, die mit ihrem spezifischen Erfahrungspotential entsprechend konkreter Anforderungen in Unternehmen eingesetzt wurden. Die wichtigste Aufgaben des Beratungsteams war die Beratung bei der Erarbeitung und Bewertung von Privatisierungs- und Ausgründungskonzepten.

Durch das Anker-Projekt konnten vor allem im ländlichen Raum wichtige industrielle Standorte als wirtschaftliche Netze erhalten werden. Diese Unternehmen bildeten mit ihren regionalen Zulieferern ein Geflecht, das für die regionale Wirtschaft lebenswichtig war - in einigen Regionen sind sie die Kristallisationskerne für die wirtschaftliche Entwicklung. Dies gilt ganz besonders für die Unternehmen im Bereich des Maschinenbaus und der maritimen Industrie.

Während das Anker-Projekt stärker die Bestandssicherung im Auge hat, zielt das Programm Gemeinschaftsaufgabe "Verbesserung der regionalen Wirtschaftsstruktur" eindeutig auf Neuerrichtungen ab.

Mit 27,2% waren das Investitionsgütergewerbe und mit 15,4% das Nahrungs- und Genußmittelgewerbe die am stärksten geförderten Wirtschaftsbereiche.

Für den ostdeutschen Schiffbau gibt es bis Ende 1995 bestimmte Sonderregelungen. Die Entwicklung des Schiffbaus in Mecklenburg-Vorpommern vollzog sich 1994 vor dem Hintergrund, daß sich die OECD-Staaten auf einen subventionsfreien Schiffbau ab dem Jahr 1996 vorbereiten. In der Siebenten Richtlinie der Europäischen Union zur Gewährung von Schiffbaubeihilfen vom 31. Dezember 1990 sind die Sonderregelungen für den ostdeutschen Schiffbau bis Ende 1995 niedergeschrieben. Mit diesen Rahmenbedingungen ist die Gewährung von Strukturbeihilfen in Höhe von rund 3 Mrd. DM verbunden.

Der Schiffbau als industrieller Kernbereich der Wirtschaft in Mecklenburg-Vorpommern setzte 1994 seine zuwachsorientierte Entwicklung mit überaus guten Ergebnissen fort. Spätestens 1997 wird Mecklenburg-Vorpommern mit seinen Kompaktwerften nach Ansicht der Fachleute über die modernsten Schiffbauanlagen in Deutschland verfügen. Entscheidend für die Wettbewerbsfähigkeit dieser Werften werden weitere Produktivitätssteigerungen und Kostensenkungen sein. Neben der modernen Produktionstechnik soll insbesondere die Reduzierung der Fertigungstiefe Erfolge bringen. Dies eröffnet auch den Unternehmen der Zulieferindustrie im Umfeld der Werften neue Chancen.

Das Nahrungs- und Genußmittelgewerbe in Mecklenburg-Vorpommern hat im Prozeß der Umstrukturierung und Modernisierung seit 1989 insgesamt weniger Einbußen erlitten als andere industrielle Branchen. Mit den genannten Investitionsanreizen seitens des Staates haben die Unternehmen Produktionsanlagen nach dem neuesten Stand der Technik errichtet. Die neu geschaffenen Produktionsstätten zählen bereits jetzt hinsichtlich der Produktivität zu den führenden Betrieben Europas. Das Nahrungs- und Genußmittelgewerbe in Mecklenburg-Vorpommern ist geprägt durch die Herstellung von Backwaren, Fleisch- und Wurstwaren, Fischerzeugnissen, Molkereiprodukten sowie Getränken und Spirituosen.

Auf das Fremdenverkehrsgewerbe entfielen 20,3% der gesamten Fördermittel im gewerblichen Bereich. Aufgrund der vielfältigen Naturausstattung hat der Tourismus in Mecklenburg-Vorpommern - neben den strukturbestimmenden Wirtschaftszweigen Landwirtschaft, Schiffbau und Nahrungsgüterwirtschaft - eine herausgehobene Bedeutung für das Land sowie für den regionalen Arbeitsmarkt.

Der Tourismus bedeutet für viele Menschen in den Tourismusgebieten eine Existenzgrundlage, durch die sie eigenes Einkommen erwerben können. Ferner gehen vom Tourismus weitere belebende und sich langfristig tragende Elemente für andere Wirtschaftsbereiche hervor.

Die Rolle Mecklenburg-Vorpommerns in der internationalen Arbeitsteilung

Immer wieder wird argumentiert, man sollte die Fördergelder kleinen ostdeutschen Investoren vorbehalten, denen wichtiges Eigenkapital fehlt.

Bei den großen westdeutschen Konzernen käme es lediglich zu Mitnahmeeffekten, da diese Unternehmen auch ohne die Förderung in den neuen Bundesländern investieren würden. Außerdem würden die westdeutschen Konzerne lediglich "verlängerte Werkbänke" ohne dispositive Faktoren errichten, die sie in konjunkturellen Schwächezeiten dann wieder schlössen.

Dahinter steht das Wunschbild einer von unten heranwachsenden Volkswirtschaft, in der die kleinen Wirtschaftskreisläufe eigenes Einkommen erzeugen.

Diesem Konzept ist einiges entgegenzuhalten. Die kleinen Drachen Südostasiens haben in den vergangenen Jahren konsequent exportorientierte Branchen bevorzugt. Subventionen wurden für Unternehmen gewährt, die auf Exporterfolge orientiert waren. Kriterium für den wirtschaftspolitischen Erfolg war weniger die direkte Schaffung von Arbeitsplätzen als die Steigerung des Exports.

Hinter diesem Gedanken steht, daß eine Volkswirtschaft ihren Wohlstand lediglich durch Tausch mit der übrigen Welt steigern kann, indem sie durch Export "frisches Geld" erwirtschaftet. Ein Tausch innerhalb derselben Einheit ist im Sinne der Zahlungsbilanz nicht wohlfahrtssteigernd, da keine zusätzlichen Geldmittel in die Volkswirtschaft fließen.

Ich denke: Der Ruf nach eigener "gewachsener" Wirtschaftsstruktur bedeutet unter Umständen Strukturkonservierung. Der Reflex auf die sogenannten "endogenen Potentiale" lenkt davon ab, daß die Wirtschaft Mecklenburg-Vorpommerns international eingebunden ist und daß westdeutsche und ausländische Unternehmen die wichtigsten Investoren in unserem Land sind.

Wer staatliche Hilfestellung auf einheimische Unternehmen beschränken möchte, um Mitnahmeeffekte zu vermeiden, denkt zu stark in Kategorien sozialpolitischer Alimentation. Wirtschaftsförderung darf nicht mit Konsum notleidender Individuen verwechselt werden. Wirtschaftsförderung ist eine Investition in erfolgreiche Projekte, die Rendite abwerfen sollten. Damit schaffen wir übrigens auch Ressourcen für sozialpolitische Maßnahmen.

Bezüglich der Mitnahmeeffekte sollte man sich auch darüber klar sein, daß Mecklenburg-Vorpommern nicht nur in Konkurrenz zu den alten Bundesländern, sondern zunehmend zu den neuen Bundesländern tritt.

Die Frage nach der Lösung der Finanzierungsprobleme in den Unternehmen

Kleine und mittlere Unternehmen in Ostdeutschland stehen zunehmend vor großen Finanzierungs- und Liquiditätsproblemen. Die Gründe hierfür liegen in der mangelnden Kapitaldecke der Unternehmer, unzureichendem Know-how in der Führung des Unternehmens, in der Fehleinschätzung der Marktentwicklung sowie in der Fälligkeit der für die Existenzgründung zunächst tilgungsfrei gewährten Kredite.

Außerdem sind die Banken bei Investitionsfinanzierungen oder Ausweitungen des Kreditrahmens häufig sehr zögerlich. Ist die Kreditlinie bei der Hausbank ausgeschöpft, wird ein weiterer Kapitalzufluß vielfach abgelehnt. Viele Unternehmen bekommen Liquiditätsprobleme.

In jüngster Zeit werden wieder Beteiligungsmodelle diskutiert, um die gegenwärtigen Probleme der Unternehmen - seien es Liquiditäts- oder Eigenkapitalprobleme - zu lösen.

Einiges spricht dafür, in diese Richtung weiter nachzudenken.

- Nach Ausschöpfung sämtlicher Fördermöglichkeiten fehlt insbesondere strukturbedeutsamen Unternehmen wichtiges Eigenkapital für Investitionen.

- Das Verlustrisiko bei Darlehen durch das Land ist genauso hoch wie bei Beteiligungen. Auch wenn rechtlich zwischen Eigenkapital und Fremdkapital ein Unterschied besteht, hat faktisch staatliches Fremdkapital in Form von Landes-Darlehen ein gleich hohes Verlustrisiko wie eine Beteiligung von seiten des Landes.

- Für ein Unternehmen ist der Unterschied zwischen Eigenkapital und Fremdkapital für die Kapitalbeschaffung wichtig. Nach empirischen Untersuchungen bewirkt eine Einheit Eigenkapital fünf Einheiten Fremdkapital in Form von zusätzlichen Bankkrediten.

Ich möchte aber gleichzeitig feststellen, daß jede Beteiligung der öffentlichen Hand an einem Unternehmen in einer Marktwirtschaft durch einen besonderen öffentlichen Zweck gerechtfertigt sein muß.

- Die geförderten Unternehmen erhalten Wettbewerbsvorteile aufgrund ihrer engen Verbindung zum Staat. Der wichtigste dieser Wettbewerbsvorteile ist der Rückhalt der öffentlichen Unternehmen in den grundsätzlich unbegrenzten staatlichen Kassen, der es ihnen erlaubt, notfalls auch langfristig erhebliche Verluste in Kauf zu nehmen. Unternehmen mit öffentlicher Beteiligung verfügen infolgedessen im Wettbewerb in aller Regel über einen größeren Verhaltensspielraum als private Unternehmen.

- Der Staat seinerseits wird insofern erpreßbar, als es ihm zumeist nicht möglich sein wird, aus freier Entscheidung eine Beteiligung aufzukündigen.

Die Landesregierung ist bisher einen eigenen Weg gegangen, indem sie nicht direkt bei den Eigenkapitalproblemen angesetzt hat, sondern bei akut auftretenden Liqudutäts- und Finanzierungsproblemen.

Bezüglich der Liquiditätsprobleme wurde mit dem Unternehmenshilfefonds - in Form staatlicher Darlehen - ein Instrument geschaffen, um Unternehmen, die in aktuelle Finanzierungs- und Liquiditätsprobleme geraten sind, durch Liquiditätshilfen zu stabilisieren. Damit werden Arbeitsplätze, die mittelfristig zu halten sind, gesichert. Diese Unterstützung ist jedoch für einen klar abgegrenzten Zeitraum gedacht. Keinesfalls sollten daraus Dauersubventionen entstehen.

Ich habe versucht, einige Zielkonflikte und mögliche Lösungsansätze darzustellen. Im Ergebnis läßt sich sagen: Wirtschaftspolitik läßt sich nicht nach rein wirtschaftlichen Gesichtspunkten entwerfen. Wirtschaftspolitik ist ein Stück Sozialpolitik, da Wirtschaftspolitik sich auch um Aspekte wie den sozialen Frieden im Lande kümmern muß.

Petra Hintze

AKTUELLE UMSTRUKTURIERUNGSPROBLEME IN DER INDUSTRIE DER KAMMERREGION NEUBRANDENBURG

Tradition und Moderne liegen in der Kammerregion Neubrandenburg dicht beieinander: hier wuchs Heinrich Schliemann auf, der als junger Mann das sagenumwobene Troja ausgrub; hier in der Kammerregion, in der Hansestadt Greifswald, entsteht gegenwärtig das Fusionsprojekt Wendelstein 7-X, mit dessen Hilfe die Grundlagen für eine neue Generation von Kernfusionsreaktoren geschaffen werden sollen.

Zwischen diesen beiden Polen entwickelt sich heute die Kammerregion Neubrandenburg im äußersten Nordosten der Bundesrepublik. Hier zwischen Usedomer Ostseeküste und Mecklenburgischer Seenplatte wird auf einer Fläche von rund 10.000 Quadratkilometern mit einer Bevölkerung von 631.099 Menschen ein Drittel der Bruttowertschöpfung des Landes Mecklenburg-Vorpommern vollzogen. In solch dominierenden Branchen wie der Nahrungsmittelindustrie, der Baumaterialienindustrie, der Bauwirtschaft, dem Maschinenbau, des Schiffbaus mit seiner Zulieferindustrie, zunehmender Umwelttechnik und einem sich breit entwickelnden Dienstleistungssektor.

Diese Entwicklung zum heutigen Stand hat sich in den vergangenen fünf Jahren in einem atemberaubenden Tempo vollzogen. Lassen Sie mich das anhand weniger Fakten verdeutlichen. Als die IHK im März des Jahres 1990 gegründet wurde, gab es rund 1.500 privatwirtschaftlich arbeitende Klein- und Kleinstbetriebe - überwiegend in der Handelsbranche tätig. Heute betreut die Kammer nahezu 17.000 Firmen in weit mehr als 50 Branchen.

Mit dieser Gründerwelle einher ging die Umstrukturierung der gesamten Wirtschaft in der Kammerregion. Dominierten 1989/1990 die Kombinate und Kombinatsbetriebe - hier in der Kammerregion zum Beispiel die Betriebe des Kombinates "Fortschritt" Landmaschinen und des Kombinates Schiffbau und des Schwermaschinenbaukombinates "TAKRAF"-, so bestimmen heute Kleinst-, Klein- und Mittelbetriebe das Profil der industriellen Landschaft. Fanden in den Kombinatsbetrieben tausende Menschen Arbeit, so haben wir heute in der Kammerregion nicht ein einziges Unternehmen, das über 1.000 Beschäftigte hat. Allein die Peenewerft in Wolgast kommt an die Beschäftigtenzahl von 1.000 nahe heran.

Nach fünfjähriger Umstrukturierung der Wirtschaft kann also festgestellt werden: Es dominiert eindeutig der Klein- und Mittelstand in der Wirtschaft. Mit seinen Vorteilen wie der flexiblen Reaktion auf neue Anforderungen des Marktes, aber auch mit seinen Nachteilen, die sich häufig im Wettbewerb mit den Großen in den einzelnen Branchen darstellen, aber auch im Export.

Tabelle 1
Industrielle Entwicklung in der Kammerregion

	1989	1994
Baumaterialienindustrie	4	42
Maschinen- und Fahrzeugbau	32	37
Lebensmittelindustrie	37	95

Einher ging eine Produktivitätssteigerung in den Unternehmen der Kammerregion, die ihren Niederschlag findet in der Bruttowertschöpfung. Betrug diese 1989 pro Einwohner in der Kammerregion rund 10.000 DM, so liegt sie heute bei nahezu 20.000 DM.

Tabelle 2
Anteil der Bruttowertschöpfung der Kammerregion am Land (%)

Greifswald:	3,8
Neubrandenburg:	6,7
Demmin:	4,5
Mecklenburg-Strelitz:	3,9
Müritz:	3,5
Ostvorpommern:	5,1
Uecker-Randow:	4,5
gesamt:	32,0

Zu den aktuellen Umstrukturierungsproblemen der Wirtschaft in der Kammerregion zählen natürlich auch solche Aspekte wie:

a) der Wegfall des Ostmarktes (die Kombinatsbetriebe waren, wie zum Beispiel der Nahrungsgütermaschinenbau Neubrandenburg, zu 90 und mehr Prozent mit dem Export in die Sowjetunion ausgelastet)

– für diesen Abbruch gibt es bis zum heutigen Tag keinen gleichwertigen Ersatz

b) der nicht vorhandene Westmarkt - die Firmen in der Kammerregion hatten nur in einem sehr bescheidenen Umfang Exporte nach Westeuropa bzw. Übersee. Dies ist nach wie vor ein Problem.

c) das Fehlen eigener, weltmarktfähiger Produkte - die mangelhafte Innovation in den Unternehmen - das Herausbringen neuer, konkurrenzfähiger Produkte

d) die Kapitalschwäche einer Vielzahl von Unternehmen

Zu den Hauptproblemen zähle ich: die geringe industrielle Dichte in der Kammerregion. Nur 4% der in der Kammerregion tätigen Unternehmen sind zum industriellen Sektor zu zählen. Handel und Dienstleistungen nehmen allein fast 80% ein.

Tabelle 3
Firmenstatistik in der Kammerregion

	Anzahl	in %
Industrie:	669	4,0
Bauwesen:	462	2,7
Handel:	7.482	44,7
Gastgewerbe:	1.969	11,7
Dienstleistungen:	5.942	35,5

(Stand: 30.9.1995)

Bereits heute, aber noch mehr in der Zukunft wird sich ein Problem bemerkbar machen, das auf die weitere Entwicklung der Kammerregion einen entscheidenden Einfluß ausübt: die Bevölkerungsentwicklung, speziell die Wanderungsverluste, die Mecklenburg-Vorpommern und damit auch die Kammerregion seit fünf Jahren erleidet.

Tabelle 4
Bevölkerungsentwicklung in der Kammerregion

Kreis	1989	1994
Demmin	106.267	99.942
Mecklenburg-Strelitz	81.196	99.942
Müritz	71.152	70.877
Uecker-Randow	117.757	92.000
Ostvorpommern	-	116.277
Neubrandenburg	90.953	85.540
Greifswald	68.456	63.941

Die Kammerregion hat während der zurückliegenden fünf Jahre enorme Wanderungsverluste hinnehmen müssen. Die Wanderungsverluste werden zwar geringer prognostiziert, aber sie werden auch bis weit über das Jahr 2000 hinaus anhalten.

Die Bundesforschungsanstalt für Landeskunde und Raumordnung hat auf der Zahlenbasis von 1990/1991 hochgerechnet, daß Mecklenburg-Vorpommern bis zum Jahr 2010 einen Verlust bei der Wohnbevölkerung von rund 9,1%, bei den Erwerbspersonen von 14,4% hinnehmen muß. Damit steht das Land im Reigen der Bundesländer an letzter Stelle, es wird lediglich von Sachsen-Anhalt beim Rückgang der Erwerbspersonen (-16,4%) noch übertroffen.

Tabelle 5
Erwerbstätige in der Kammerregion

	1989	1995
Beschäftigte in der Landwirtschaft:	81.931	12.683
Beschäftigte in der Industrie:	62.366	52.559
Beschäftigte in der Bauwirtschaft:	23.842	23.280
Dienstleistungsgewerbe:	-	35.837

Strukturwandel hat vor allem auf dem Lande stattgefunden: Anzahl der Beschäftigten in der Landwirtschaft ging dramatisch zurück. Ersatzarbeitsplätze gibt es nur bedingt in anderen Branchen, die ebenfalls sehr viele Arbeitskräfte freigesetzt haben.

Welche Schlußfolgerungen ziehen wir als Industrie- und Handelskammer aus dem bisher Dargestellten:

> vorhandene Arbeitsplätze sichern und neue schaffen, um den hier lebenden Menschen gegenwärtig und in der Zukunft eine wirtschaftliche Existenzgrundlage zu geben.

Das ist jedoch nur möglich, wenn sich die vorhandenen Wirtschaftseinheiten entwickeln können, wenn dazu die Rahmenbedingungen stimmen.

> Mit dem weiteren Rückgang der Bevölkerung auf dem Lande gilt es, die Infrastruktur auf dem Lande zu sichern, z. B. den Verkehr wie den öffentlichen Personennahverkehr.

Welche Wege sind dazu nach unserer Meinung zu beschreiten?

> Stärkung der vorhandenen Wirtschaftskraft

– Verbesserung der Infrastruktur (Verkehr, Autobahnbau)

- Sicherung und Verbesserung der Rahmenbedingungen für die Wirtschaft (Fördermittelkulisse des Landes, Bund, EU)

(Einschub: Bei der Fördermittelkulisse ist als wichtigstes Programm die Gemeinschaftsaufgabe zur "Verbesserung der regionalen Wirtschaftsstruktur" zu erwähnen. Die IHK-Region ist flächendeckend Sonderfördergebiet - d.h., die gewerbliche Wirtschaft kann Zuschüsse bis zu 35% erhalten. Zusätzlich ist es möglich, daß kleine und mittlere Unternehmen, die innovativ und exportorientiert sind, bis zu 50% erhalten können.)

Zu erwähnen ist das Landesaufbauprogramm mit seinen einzelnen Säulen. Von besonderer Bedeutung ist hier der Teil Investitionszuschüsse. Gefördert werden kleine und mittlere Unternehmen mit bis zu 10.000 DM pro geschaffenen Dauerarbeits- und Ausbildungsplatz als Höchstgrenze.

Außerdem gibt es eine Vielzahl weiterer Programme, die hier nicht alle aufgeführt werden können. Bei Bedarf erhalten Sie Auskunft in der Kammer. Hierzu kann das Datenbanksystem PC-FOEPS genutzt werden. Dieser Service ist kostenlos.

Lassen Sie mich aber abschließend zum Thema Förderkulisse noch auf die europäischen Aspekte eingehen. Für 1995 stehen Mecklenburg-Vorpommern 240 Millionen Mark Brüsseler Gelder zur Verfügung. Dabei gehen z.B. 12 bis 13 Millionen in das Programm INTERREG, 75 Millionen in das Landesaufbauprogramm.

Zurück zu den Wegen, die nach unserer Auffassung beschritten werden müssen, um die Wirtschaftskraft in der Kammerregion weiter zu stärken. Dazu gehört nach meiner Meinung:

- die Ausnutzung der vorhandenen wirtschaftlichen Ressourcen (nachwachsende Rohstoffe),
- die Technologieförderung - Stichwort neue, marktfähige Produkte

> Existenzgründungen in der Region fördern (Beratungen, Gründertage im kommenden Jahr, Zusammenarbeit mit Deutscher Ausgleichsbank)

> ausländische Investoren in die Region holen (Beratungen, Gründertage im kommenden Jahr, Zusammenarbeit mit Deutscher Ausgleichsbank)

> Stärkere Ausnutzung der vorhandenen natürlichen Potentiale für den Tourismus. Die Kammerregion Neubrandenburg ist bereits heute ein Eldorado für in- und ausländische Urlauber. Jeder dritte Urlauber, der Mecklenburg-Vorpommern aufsucht, erholt sich entweder an den weißen Sandstränden der Insel Usedom oder in den neu entstandenen Hotels und Pensionen des Binnenlandes, das geprägt ist von zahlreichen Binnenseen, weiten Buchenwäldern, reizvoll gewundenen Tälern.

Nachdem in den vergangenen fünf Jahren der Nachholebedarf in der Bettenkapazität gedeckt werden konnte, kommt es nunmehr auf den Ausbau der touristischen Infrastruktur an. (Stichwort: Saisonverlängerung - Ostseetherme auf Usedom, Spaßbäder, Tennishallen, Golfplätze)

> Zur weiteren wirtschaftlichen Entwicklung gehört auch, daß sich eine reiche Kulturlandschaft mit Theatern, Orchestern und Ateliers weiterentwickeln kann. Nach dem bisherigen Schrumpfungsprozeß in den vergangenen fünf Jahren ist auch hier ein Maß erreicht, das unbedingt erhalten werden muß, soll die Region weiterhin ihre Attraktivität auf diesem Gebiet erhalten.

> Ausnutzung weiterer vorhandener günstiger Möglichkeiten:

Diese zeigen sich u.a. in der Tatsache, daß die Kammerregion ein interessanter Standort zahlreicher wissenschaftlicher Einrichtungen wie der Greifswalder Universität, von Instituten, eines Biotechnikums, der Fachhochschule Neubrandenburg und eines entstehenden Lebensmitteltechnologiezentrums ist. Von Vorteil ist die Tatsache, daß die Region im Schnittpunkt wichtiger Magistralen des Ost-West-und Nord-Süd-Verkehrs sowohl der Straße als auch der Schiene liegt und einen Zugang zur Ostsee besitzt. Eine wesentliche Querverbindung zwischen Ost und West kommt mit der Autobahn A 20 in den nächsten Jahren hinzu. Die Kammerregion verfügt mit dem Regionalflughafen Neubrandenburg und dem Flughafen Heringsdorf sowie einer Reihe von Landeplätzen über eine gut erschlossene Infrastruktur im Bereich der Luftfahrt.

Mehr als 60 bestens erschlossene Gewerbegebiete stehen interessierten Unternehmen zur Verfügung, die auch von der günstigen Lage zu Polen, zum Baltikum und den osteuropäischen Staaten sowie zur Hauptstadt Berlin profitieren können. Diese Firmen können aber vor allem auf qualifizierte und hochmotivierte Arbeitskräfte zurückgreifen.

Tradition und Moderne - in diesem Spannungsfeld finden in der Kammerregion Neubrandenburg eine Vielzahl junger, innovativer Unternehmen einen guten Nährboden, so in den Technologiezentren Neubrandenburg und in Greifswald, wo sich mit modernsten Verfahren der Satellitenbildauswertung oder der Plasmaforschung befaßt wird. Und nicht zuletzt bergen die nachwachsenden Rohstoffe ein Potential künftiger wirtschaftlicher Entwicklung in sich, an deren Erschießung intensiv in der Kammerregion Neubrandenburg gearbeitet wird.

Jens Regg

BESCHÄFTIGUNGSSTRUKTUREN UND PROBLEME IN DEN LÄNDLICHEN RÄUMEN MECKLENBURG-VORPOMMERNS

Die deutsche Einheit und der mit ihr zwangsläufig einhergehende Prozeß der Umgestaltung der wirtschaftlichen Strukturen führte zu tiefgreifenden Veränderungen in allen Wirtschafts- und Beschäftigungsbereichen Mecklenburg-Vorpommerns. Die alten Monostrukturen des Landes: Landwirtschaft, Nahrungsmittelindustrie und Schiffbau sowie die wirtschaftliche Gliederung in sogenannte volkseigene Betriebe, Kombinate und Produktionsgenossenschaften und vor allem die ihnen immanenten tiefgegliederten Beschäftigungsstrukturen waren der Struktur eines freien Marktes nicht gewachsen. Zudem waren die hergestellten Erzeugnisse nicht allein durch die Währungsumstellung im Zusammenhang mit der Wirtschafts-, Währungs- und Sozialunion preislich nicht wettbewerbsfähig und häufig nicht marktgerecht. Schließlich war der hohe Beschäftigungsgrad, der auch angesichts des nutzbaren Kapitalstocks erforderlich war, nicht nur Ausdruck der Schere zwischen Produktivität und Lohnkosten unter marktwirtschaftlichen Bedingungen, sondern auch einer verdeckten, sozial kaschierten Arbeitsbeschaffung: "Das gesellschaftliche Arbeitsvermögen, das ist die Gesamtheit aller arbeitsfähigen Mitglieder der Gesellschaft), wird planmäßig ... entwickelt und eingesetzt. Darin ist eingeschlossen, daß im Sozialismus die Vollbeschäftigung gesetzmäßig ist."[1]

In den Jahren ab 1990 kam es deshalb sehr rasch zu einem progressiven massiven Beschäftigungsabbau, vor allem in der Landwirtschaft, dem verarbeitenden Gewerbe sowie im Handel und den Institutionen der sogenannten staatlichen Organe. Diesem massiven Abbau standen relativ bescheidene neue Beschäftigungsmöglichkeiten in der sogenannten Gründerwelle gegenüber. Auf dem ersten Arbeitsmarkt konnte so ein Ausgleich fast selbstverständlich nicht geschaffen werden. Die ebenfalls progressiv massive Entwicklung des sogenannten zweiten Arbeitsmarktes, einschließlich der beruflichen Qualifizierung, bildete die sehr breite Brücke, über die der Weg zum ersten Arbeitsmarkt begleitend geschaffen werden sollte.

Dic Arbeitsplatzverluste betrafen städtische und ländliche Regionen in Mecklenburg-Vorpommern nicht in gleicher Weise. Dies wird am Beispiel der Arbeitsmarktregion des Arbeitsamtsbezirkes Stralsund (dieser umfaßt die Hansestädte

---

[1] Der sozialistische Produktionsprozeß (= Lehrheft Politische Ökonomie des Sozialismus), Berlin 1979

Stralsund und Greifswald sowie die Landkreise Rügen, Ostvorpommern und den östlichen Teil des Landkreises Nordvorpommern) deutlich: Hier gingen von Dezember 1989 bis Juni 1993 rund 37% aller vorhandenen Beschäftigungsmöglichkeiten verloren, und dies entspricht fast genau der mit 36% in Mecklenburg-Vorpommern und allen neuen Bundesländern zu beobachtenden Entwicklung.

Während in den städtischen Regionen per Saldo jeweils rund 30% der Beschäftigungsmöglichkeiten verlorengingen, betrug der Verlust in den ländlichen Regionen, d.h. in den Landkreisen, per Saldo 40% und mehr. Für diese regionalen Unterschiede gibt es im wesentlichen zwei Ursachen:

Im Wirtschaftsbereich Landwirtschaft/Fischerei betrug der Personalabbau bis zu 80%.

Neue Betriebe - und damit neue Beschäftigungsmöglichkeiten als Gegeneffekt gegen den Abbau - siedelten sich hauptsächlich in der zentralen und relativ verkehrsgünstigen Lage der Städte und an Bundesfernstraßen an.

Die Entwicklung der Beschäftigungsstrukturen und damit der Strukturwandel von der zentralgeleiteten Kommandowirtschaft zur freien und sozialen Marktwirtschaft vollzog sich in der Region in 3 Phasen:

1. Phase (1989/90 bis etwa März 1992):

Die Strukturen der zentralen Planwirtschaft brechen zusammen. Viele ehemalige Betriebe, Kombinate, Genossenschaften usw. stellen ihre Betriebstätigkeit ein oder müssen zumindest einen Großteil ihres Personals entlassen, um in die Zone relativ rentabler Personalkosten zu kommen.

Diese Phase ist gekennzeichnet durch einen enormen Aufbau der Arbeitslosigkeit und sehr starke Inanspruchnahme arbeitsmarktpolitischer Leistungen, wie Kurzarbeitergeld, Arbeitsbeschaffungsmaßnahmen, berufliche Qualifizierung, Vorruhestands- und Altersübergangsgeld.

2. Phase (März 1992 bis etwa März 1993):

Der Arbeitsplatzabbau verlangsamt sich deutlich. Betriebe stellen ihre Produktpalette, Produktionsverfahren und ihre Arbeitsabläufe, Arbeitsorganisation um. Der Strukturwandel in den Betrieben fordert neue Qualifikationen und Berufsstrukturen, auf die mit den arbeitsmarktpolitischen Maßnahmen der beruflichen Qualifizierung in der 1. Phase des Umstrukturierungsprozesses bereits antizipatorisch zu reagieren versucht wurde.

Nach wie vor gehen Beschäftigungsmöglichkeiten/Arbeitsplätze verloren, gleichzeitig bieten sich aber insbesondere für mobile und flexible Erwerbspersonen mehr alternative Beschäftigungsmöglichkeiten als in der 1. Phase. In vielen Fällen erfolgt auch ein Personalaustausch zwischen weniger qualifizierten und neu qualifizierten Arbeitnehmern entsprechend den Erfordernissen des Strukturwandels. Dies läßt sich insbesondere im Zweig des Baugewerbes beobachten.

Die Arbeitslosigkeit ist während dieser Phase in etwa konstant, und die Inanspruchnahme der arbeitsmarktpolitischen Möglichkeiten konsolidiert sich auf hohem Niveau bei rückläufiger Inanspruchnahme von Kurzarbeitergeld und einem Anstieg der Inanspruchnahme von Altersübergangsgeld. Per Saldo sind keine Arbeitsplatzgewinne zu verzeichnen.

3. Phase (März 1993 bis heute):

Der Arbeitsmarkt stabilisiert sich auf niedrigem, aber wachsendem Niveau. Erstmals ist eine deutlich rückläufige Tendenz der Arbeitslosigkeit zu beobachten bei ebenfalls rückläufigem Niveau der Inanspruchnahme arbeitsmarktpolitischer Maßnahmen, insbesondere auch der Kurzarbeit.

Nach dem deutlichen Verlust von Beschäftigungsmöglichkeiten nach der Wende sind per Saldo keine weiteren Arbeitsplätze verlorengegangen. Die Zahl der Arbeitsplätze steigt erstmals wieder leicht an.

Die Entwicklung der 2. und 3. Phase des Umstrukturierungsprozesses in Mecklenburg-Vorpommern zeigt Tabelle 1 auf der Basis gerundeter Zahlen über die sozialversicherungspflichtig Beschäftigten (das sind etwa 85% der Erwerbstätigen) in ausgewählten Wirtschaftszweigen:

Tabelle 1
Sozialversicherungspflichtig Beschäftigte in ausgewählten Wirtschaftszweigen

Wirtschaftszweig	März 1992	März 1993	März 1994	September 1994
Land- u. Forstwirtschaft	51.000	36.000	33.000	34.000
verarbeitendes Gewerbe	107.000	95.000	95.000	97.000
Baugewerbe	72.000	77.000	81.000	96.000
Handel	66.000	66.000	68.000	71.000
Dienstleistungen a.n.g.	149.000	149.000	158.000	170.000
andere/sonstige	223.000	197.000	182.000	187.000
insgesamt	668.000	620.000	622.000	655.000

Im November 1990 wurden für Mecklenburg-Vorpommern noch 930.000 Erwerbstätige ausgewiesen. Allerdings ist die Vergleichbarkeit der nach DDR-Systematiken ermittelten Angaben (bis 1990) mit den Basisdaten auf der Grundlage bundesdeutscher Statistiken (ab März 1992) sehr eingeschränkt. Detaillierte strukturierte Vergleiche sind daher nicht möglich. Aus diesem Grunde wurde in der oben aufgeführten Tabelle bewußt darauf verzichtet, Vergleiche zu früheren Beschäftigungsstrukturen in einzelnen Wirtschaftsbereichen darzustellen, da auch Veränderungen in den Wirtschaftsstrukturen durch neue statistische Systematiken bedingt sind. Beispielhaft seien hier nur die ehemaligen Kindertagesstätten, z.B. im Bereich des Schiffbaus, und die Baubrigaden innerhalb der ehemaligen Landwirtschaftlichen Produktionsgenossenschaften erwähnt.

Die Entwicklung und die Situation in einzelnen Wirtschaftszweigen läßt sich in der gebotenen Kürze wie folgt darstellen:

a) Die Landwirtschaft/Fischerei hat - bezogen auf die Beschäftigtenzahl - ihre ehemals tragende Rolle verloren. In diesem Zweig gab es bei einer Reduzierung auf ein Fünftel der ehemals in diesem Sektor Beschäftigten die größten Beschäftigungsverluste. Der Anteil des Wirtschaftszweigs an der Gesamtbeschäftigung ist damit seit der Wende von ehemals 16% auf 5% (im Arbeitsamtsbezirk Stralsund auf 4%) gesunken. Im Ländervergleich ist jedoch anzumerken, daß der Anteil des Wirtschaftszweiges an der Gesamtbeschäftigung in Schleswig-Holstein mit 2% noch erheblich niedriger liegt.

b) Ebenfalls sehr deutlich war der Verlust von Beschäftigungsmöglichkeiten im verarbeitenden Gewerbe, besonders im Bereich des Schiffbaus und der Nahrungs- und Genußmittelindustrie. Der Abbau von Arbeitsplätzen in diesem Zweig ist z.B. fast zum Stillstand gekommen. Die strukturelle Basis der Industrie ist trotz der Überwindung der Monostrukturen der ehemaligen DDR jedoch noch nicht breit genug.

c) Der Handel ist geprägt vom Übergang zu weniger personalintensiven Verkaufsformen (Großmärkte). Gegenüber der Beschäftigungsstruktur in der ehemaligen DDR haben sie die Beschäftigungsmöglichkeiten etwa halbiert. Dennoch ist zu beobachten, daß sich die Situation auch in diesem Bereich auf niedrigem Niveau stabilisiert hat und leichte Beschäftigungsgewinne zu beobachten sind. Allerdings ist die strukturelle Basis des Handels, insbesondere im kleingewerblichen Handel, ebenfalls noch nicht breit genug.

d) Der per Saldo geringste Beschäftigungsverlust ist im Dienstleistungsbereich zu verzeichnen. In diesem Zweig gab es, insbesondere in den beiden letzten Jahren, erhebliche Beschäftigungsgewinne in neu entstandenen Unternehmen im Bereich des Tourismusgewerbes, bei Betreuungsdienstleistungen, Architekten- und Ingenieurbüros, Werbefirmen, Immobilien- und Vermögensverwertungsgesellschaften, Vermietungseinrichtungen und ähnlichem. Relativ stabil entwikkelt sich auch der wissenschaftlich-künstlerische Bereich, insbesondere bei Hochschul- und beruflichen Bildungseinrichtungen.

e) Die größten Beschäftigungsgewinne sind im Baugewerbe zu verzeichnen. Ursache ist die hohe Nachfrage nach Bauleistungen aller Art. Allerdings sind hier bereits erste Anzeichnen für ein künftig eher schwach ausgeprägtes Wachstum zu beobachten, das gleichzeitig mit einer strukturellen Konsolidierung verbunden ist.

f) Im Bereich der Gebietskörperschaften und gemeinnützigen Organisationen lassen sich schlüssige Entwicklungsprozesse in bezug auf die Beschäftigungsstrukturen nicht klar beschreiben. Es gibt zwar optische Beschäftigungsgewinne. Diese sind jedoch in erster Linie der Wirksamkeit des zweiten Arbeitsmarktes, und hier vor allem den Arbeitsbeschaffungsmaßnahmen (ABM), zuzurechnen, da als Träger von ABM in erster Linie Gebietskörperschaften und gemeinnützige Organisationen fungieren. Bei den Gebietskörperschaften ist - bezogen auf die echten, ungeförderten Beschäftigungsmöglichkeiten - von einem weiteren Personalabbau auch in den kommenden Jahren auszugehen. Ursachen sind die erforderlichen Verschlankungen der Verwaltungsstrukturen, die Auswirkungen der Kreisgebietsreform in Mecklenburg-Vorpommern und die weitere Übertragung von bisher öffentlich wahrgenommenen Aufgaben an privatwirtschaftliche Unternehmen.

Ganz offensichtlich ist der Hauptzweig des erforderlichen Strukturwandels in Mecklenburg-Vorpommern und damit der Verlust von Beschäftigungsmöglichkeiten im Jahre 1993 so gut wie abgeschlossen gewesen.

Auch wenn ein Teil der Arbeitsplatzgewinne durch die Entwicklung des Tourismusgewerbes und der damit verbundenen anderen Dienstleistungen saisonaler Natur ist, besteht Anlaß, im Jahre 1993 den Beginn einer Trendwende zu sehen. Dies korrespondiert auch mit der Entwicklung der Arbeitsmarktpolitik und der Arbeitslosigkeit insgesamt, die seitdem rückläufig war.

Der Arbeitsmarkt hat sich insofern auf niedrigem Niveau stabilisiert. Die Schwankungen der Beschäftigung seit 1993 haben vorwiegend Saisoncharakter. Der Persoanlabbau im verarbeitenden Gewerbe großer Unternehmen konnte weitgehend durch Beschäftigungsgewinne in kleineren Betrieben, insbesondere des Handwerks, kompensiert werden. Die Zahl der Berufspendler in die alten Bundesländer ist im Osten Mecklenburg-Vorpommerns seit Jahren konstant niedrig, im Westen des Landes, d.h. in unmittelbarer Nachbarschaft zu Schleswig-Holstein, Niedersachsen und Hamburg, verständlicherweise vergleichsweise hoch.

Eine Besonderheit innerhalb Mecklenburg-Vorpommerns nimmt die Situation und Entwicklung der Frauenbeschäftigung und der Frauenarbeitslosigkeit im Arbeitsamtsbezirk Stralsund ein: 48,2% aller vorhandenen sozialversicherungspflichtigen Arbeitsplätze sind hier mit Frauen besetzt (Bundesgebiet Ost: 46,2%/Mecklenburg-Vorpommern: 46,3%). Damit ist der Frauenanteil an der Beschäftigung genauso hoch wie Ende des Jahres 1989.

Hierbei darf nicht verkannt werden, daß es erhebliche regionale Differenzen gibt zwischen relativ unentwickelten ländlichen Regionen, insbesondere in Ost- und Nordvorpommern, und relativ entwickelten, insbesondere städtischen Regionen des Arbeitsamtsbezirks. Der Anteil der geförderten ABM-Beschäftigung ist bei der

Betrachtung der Frauenbeschäftigung trotz des hohen Frauenanteils in ABM insgesamt marginal.

Ursachen für die recht günstige Entwicklung waren und sind:

a) Personal wurde vor allem in der Landwirtschaft, dem Schiffbau und der Nationalen Volksarmee der DDR (NVA) freigesetzt. Damit waren, im Gegensatz zu anderen Regionen, überwiegend Männer von Entlassungen betroffen.

b) Frauen finden im Arbeitsamtsbezirk Stralsund vorwiegend im Tourismusbereich und in den übrigen Dienstleistungen sowie im Handel Beschäftigung. In anderen Regionen sind diese Beschäftigungsmöglichkeiten nicht in diesem Umfang vorhanden.

In der Folge ist im Arbeitsamtsbezirk auch der Frauenanteil an der Arbeitslosigkeit geringer als in anderen Teilen Mecklenburg-Vorpommerns oder im Bundesgebiet Ost:

Tabelle 2
Frauenanteile an der Arbeitslosigkeit und an der Beschäftigung

	Frauenanteil	
	an der Arbeitslosigkeit	an der Beschäftigung
Bundesgebiet Ost	65,7%	46,3%
Mecklenburg-Vorpommern	62,8%	46,3%
Arbeitsamtsbezirk Stralsund	59,7%	48,2%

Wie jeder Markt ist auch der Arbeitsmarkt durch Angebot und Nachfrage bestimmt. Auf der Nachfrageseite des Marktes (vorhandene Arbeitsplätze) sind Frauen offensichtlich nicht benachteiligt.

Ursachen der dennoch hohen Frauenarbeitslosigkeit sind folglich in erster Linie in der lokalen Angebotsseite des Marktes (angebotene Arbeitskraft) zu suchen, die durch ein weiteres Spezifika geprägt ist:

a) Vorruhestands- und Altersübergangsregelungen wurden zu fast 2/3 von Männern in Anspruch genommen (Männer: 64%/Frauen: 36%).

b) Pendler in die alten Bundesländer sind vorwiegend Männer.

Beide Gründe sind ausschlaggebend dafür, daß sich die lokale Nachfrage nach Arbeitsplätzen durch Männer stärker verringert hat als die der Frauen.

Ebenfalls ist zu berücksichtigen, daß die Erwerbstätigkeit der Frauen in den neuen Bundesländern nach wie vor - auch historisch bedingt - einen zentralen und hohen Stellenwert hat. Wesentlich sind sicher auch ökonomische Zwänge, da der

Frauenerwerbsbeteiligung eine Schlüsselrolle bei der Sicherung der privaten Einkommen zufällt.

Eine zentrale und hohe Bedeutung bei der Bewältigung der Arbeitsmarktprobleme in den ländlichen Räumen Mecklenburg-Vorpommerns kommt den Instrumenten und Möglichkeiten der Arbeitsmarktpolitik des Bundes und der Länder zu. Dies wird auch in den kommenden Jahren der Fall sein, zumal vor allem in den ländlichen Regionen beschäftigungsrelevante dauerhafte und stabile Perspektiven fehlen und auch in Ansätzen noch nicht sichtbar sind. Insofern bleibt gerade auch in den ländlichen Regionen die große Herausforderung des zweiten Arbeitsmarktes als Brücke zum ersten Arbeitsmarkt bestehen. Trotzdem sind hier Differenzierungen und Anmerkungen angezeigt: Es ist zu beobachten, daß die inhaltliche Entwicklung des zweiten Arbeitsmarktes, vor allem bei ABM, die Entwicklung des ersten Arbeitsmarktes zunehmend stärker stört. Hier kommt in gemeinsamer Verantwortung für die Entwicklung dauerhafter Beschäftigungsstrukturen allen politischen und wirtschaftlichen Verantwortungsträgern die Notwendigkeit des Handelns zu, nämlich in bezug auf den zweiten Arbeitsmarkt inhaltlich alles das zu unterlassen, was nach billigem Ermessen die Stabilisierung des ersten Arbeitsmarktes behindert oder wesentlich stört und inhaltliche Felder zu erschließen, die mittelfristig zu dauerhaften Beschäftigungsmöglichkeiten führen können, wobei auch auf Seiten der Träger entsprechender arbeitsmarktpolitischer Maßnahmen ein hohes Maß an perspektivischer Unternehmerinitiative abgefordert werden muß. Dies ist in den vergangenen Jahren nicht im ausreichenden Maße gelungen und ist deshalb gerade in Zukunft und in ländlichen Regionen stark entwicklungsbedürftig.

Ebenso entscheidend für die zukünftige Entwicklung ist die schulische und berufliche Qualifikation.

Vor allem bei der beruflichen Qualifizierung haben die Maßnahmen der Arbeitsverwaltung im Rahmen von Fortbildung und Umschulung in den letzten Jahren einen nicht unbeträchtlichen Beitrag geleistet und den Wandel begleitet. Dies wird auch in Zukunft mit einem deutlichen Akzent bei der Anpassungsfortbildung erforderlich sein.

In bezug auf die Berufsstruktur in Mecklenburg-Vorpommern ist die Annäherung an die Berufsstruktur des Bundesgebietes West annähernd vollzogen, wobei auch hier der Wandel zu den Dienstleistungsberufen in Tabelle 3 deutlich erkennbar ist.[2]

Der Wandel der Berufsstruktur und die Beschäftigungsgewinne, insbesondere der letzten beiden Jahre, dürfen nicht darüber hinwegtäuschen, daß der Markt noch relativ instabil ist. Der Prozeß der weiteren Stabilisierung und der erkennbar positiven Entwicklung des Arbeitsmarktes wird auch in Zukunft von einer relativ hohen Arbeitslosigkeit geprägt sein. Besonders die ländlichen Räume sind durch das Zu-

---

2 Die Werte für Mecklenburg-Vorpommern entsprechen bis auf Abweichungen bei der Landwirtschaft annähernd den Werten des Bundesgebietes Ost/Basis: Mikrozensus April 1993

Tabelle 3
Berufsstrukturen 1993 im alten und neuen Teil des Bundesgebietes

Berufsbereiche	Bundesgebiet West	Bundesgebiet Ost
Dienstleistungen einschließlich Handel	59%	56%
Fertigungsberufe	28%	29%
Technische Berufe	7%	6%
Landwirtschaft	3%	3%
sonstige	3%	6%

sammentreffen geringer Bevölkerungsdichte, hoher Arbeitslosigkeit und ungünstiger Standortbedingungen durch fehlende Infrastruktur geprägt und arbeitsmarktpolitisch benachteiligt. Hinzu kommt, daß gerade auch in Zukunft mit einer unvermindert hohen Erwerbsneigung gerechnet werden muß: Von den rund 1,83 Mio. Einwohnern Mecklenburg-Vorpommerns leben rund 35% in städtischen Regionen, rund 30% in kleinstädtischen Regionen und rund 35% in dünnbesiedelten ländlichen Regionen. Vor allem aber sind 49% der Bevölkerung jünger als 30 Jahre alt. Auch und gerade dies ist eine Herausforderung, der sich alle Verantwortlichen angesichts der vorhandenen Arbeitsmarktprobleme und trotz der bisher relativ günstigen Entwicklung in Zukunft stellen müssen.[3]

[3] Vgl. auch zur weiteren Vertiefung Best, N.; Stoll, R. und Völkel, B.: Literaturdokumentation zur Arbeitsmarkt- und Berufsforschung, Sonderheft 16, Strukturwandel in Ostdeutschland - Literatur- und Forschungsprojekte, hrsg. v. Institut für Arbeitsmarkt- und Berufsforschung (IAB) der Bundesanstalt für Arbeit (BA), Nürnberg 1995

Jürgen H. Klöckner

STRUKTUREN DER VERKEHRSNETZE UND AKTUELLE VERKEHRSPROBLEME IN MECKLENBURG-VORPOMMERN

1. Verkehrsgeographische Lage und Strukturdaten des Landes Mecklenburg-Vorpommern

Mecklenburg-Vorpommern liegt in einer verkehrlichen Randlage im Nordosten Deutschlands; das Land ist Küsten- und Grenzregion. Mit Blick auf den Ostseeraum und unter Berücksichtigung der Erweiterung der Europäischen Union nach Norden sowie der Umgestaltung in Osteuropa hat es eine Brückenfunktion zu erfüllen.

Die Fläche Mecklenburg-Vorpommerns beträgt 23.168 km². Es hat 1,832 Mio Einwohner (Stand 31.12.1994). Das Land umfaßt 6,5% der Gesamtfläche Deutschlands und stellt 2,3% seiner Bevölkerung. Seine Einwohnerdichte von 79 Ew/km² (Deutschland: 222 Ew/km²) ist die geringste aller Länder. Die Landesregierung geht davon aus, daß sich die Bevölkerung bis zum Jahr 2000 auf 1,779 Mio Einwohner verringern wird.

Mecklenburg-Vorpommern ist geprägt von überwiegend landwirtschaftlich genutzten Räumen mit zahlreichen kleinen Siedlungen und nur wenigen größeren Städten. Von den 1.124 Gemeinden weisen nur 10 mehr als 20.000, aber rund 900 weniger als 1.000 Einwohner auf. Fast die Hälfte der Bevölkerung lebt in einem relativ schmalen Streifen entlang der Ostseeküste auf etwa 30% der Landesfläche. In diesem Bereich liegen als Oberzentren Schwerin (118.300 Ew) sowie Rostock (232.600 Ew), Stralsund (67.600 Ew) und Greifswald (62.300 Ew) sowie als Mittelzentrum Wismar (51.400 Ew). Außerhalb dieses Küstenstreifens gelegen hat lediglich Neubrandenburg (82.600 Ew) die Funktion eines Oberzentrums (Einwohnerzahlen: Stand 31.12.1994). Wichtigste Wirtschaftsbereiche sind das Nahrungs- und Genußmittelgewerbe, das Baugewerbe, der Schiffbau und die Hafenwirtschaft, die Landwirtschaft und der Fremdenverkehr.

2. Verkehr und Raumordnung

Der Ausbau der Verkehrsinfrastruktur erfolgt unter Berücksichtigung der Grundsätze und Ziele der Raumordnung. Diese sind im 1. Landesraumordnungsprogramm vom 16. Juli 1993 festgelegt.

Das Landesraumordnungsprogramm benennt die bedeutsamen Achsen des Landes, in denen leistungsfähige Verkehrswege und eine gute Verkehrsbedienung geschaffen werden müssen, um den Leistungsaustausch innerhalb des Landes und mit den Nachbarländern zu verbessern. Es sind dies die Verkehrsachsen:

1. [Lübeck]-Wismar-Rostock-Stralsund-Sassnitz/Mukran-[Skandinavien/Baltikum]
2. [Lübeck]-Schwerin-Güstrow-Neubrandenburg-Pasewalk-[Stettin]
3. [Hamburg]-Boizenburg-Hagenow-Ludwigslust-Parchim-Waren-Neubrandenburg sowie [Wittstock]-Neustrelitz-Neubrandenburg
4. [Hamburg]-Boizenburg-Hagenow-Ludwigslust-[Berlin]
5. Stralsund-Greifswald-Anklam-Pasewalk-[Berlin bzw. Stettin]
6. [Skandinavien/Baltikum]-Sassnitz/Mukran-Greifswald/Demmin-Neubrandenburg-Neustrelitz-[Berlin]
7. [Skandinavien]-Rostock-Güstrow-[Berlin]
8. [Skandinavien]-Wismar-Schwerin-Ludwigslust-[Magdeburg/Braunschweig] sowie [Uelzen/Hannover]
9. Rostock-Wismar/Bützow-Schwerin

3. Aufgabenteilung und Leistung der Verkehrsträger

3.1. Personenverkehr

Der Modal Split, d.h. der Anteil der einzelnen Verkehrsträger an den Leistungen im Personen- und Güterverkehr, hat sich seit der deutschen Einigung auch in Mecklenburg-Vorpommern grundlegend gewandelt. Innerhalb kürzester Zeit hat sich das Mobilitätsverhalten hinsichtlich der Verkehrsträgernutzung an die alten Länder angeglichen. Nahezu die Hälfte aller Fahrten werden durch Wege zur Arbeit, zur Ausbildungsstätte oder durch dienstliche und geschäftliche Wege verursacht. Die andere Hälfte entfällt auf mehr private und freizeitbezogene Wege zu Einkauf/Besorgung, in den Urlaub oder generell für private und freizeitbezogene Zwecke. Dieses Muster der Fahrtzwecke findet sich mit relativ geringen Variationen in allen Regionen Deutschlands. Der Anstieg des motorisierten Individualverkehrs wurde begleitet durch die starke Zunahme des Pkw-Bestandes. Hatte 1989 der Pkw-Bestand in Mecklenburg-Vorpommern noch 468.000 betragen, waren es am 1.1.1995 nahezu 783.000[1]. Auch in den Jahren vor 1989 kam es schon zu ei-

---

[1] Vgl. Statistisches Landesamt Mecklenburg-Vorpommern

Tabelle 1
Verkehrsverteilung (Modal Split) im Personenverkehr der alten und der neuen Länder [Pkm: Personenkilometer][2]

Territorium der alten Länder					
Jahr	Eisenbahn (%)	ÖSPV (%)	Luftv. (%)	mot. IV (%)	Gesamt Mrd Pkm
1980	6,8	12,4	1,8	78,9	598,6
1990	6,2	9,0	2,5	82,3	724,5
1993	6,2	8,9	2,7	82,2	767,5
2010	8,3	10,0	3,1	78,6	838,5
Territorium der neuen Länder					
1980	20,4	27,6	-	52,0	107,7
1990	13,5	18,6	0,2	67,8	133,1
1993	7,0	8,2	0,7	84,0	135,5
2010	7,6	11,4	4,2	76,8	229,8

ÖSPV: Öffentlicher Straßenpersonenverkehr; mot. IV: motorisierter Individualverkehr einschl. Mietwagen u. Taxen

nem beachtlichen Zuwachs der Pkw-Bestände. Dem ist der Straßenbau nicht gefolgt.

Für die Zukunft wird ein weiterer Anstieg des Personenverkehrs (vgl. Abbildung 1) als auch der Motorisierung erwartet. Danach werden im Jahr 2010 insgesamt 990.000 Pkw in Mecklenburg-Vorpommern zugelassen sein[3] (vgl. Abbildung 2). Das wären 683 Pkw auf 1.000 erwachsene Einwohner.

Die hohe Bedeutung des individuell verfügbaren Verkehrsmittels bildet sich auch im Verkehrsverhalten der Touristen, die in Mecklenburg-Vorpommern Urlaub machen, ab. 1994 reisten über 83% mit dem Pkw, Wohnmobil oder Krad an. 5% kamen mit dem Bus, 8,5% mit der Bahn. Auch für die Mobilität am Urlaubsort

---

[2] Vgl. Verkehr in Zahlen 1994, für das Jahr 1993 z.T. vorl. Werte; Bundesverkehrswegeplan; ifo - Institut für Wirtschaftsforschung, München

[3] Vgl. Deutsche Shell Aktiengesellschaft. Motorisierung nach der Vereinigung: Aufbruch zu neuen Dimensionen. Shell Szenarien des Pkw-Bestandes bis zum Jahr 2010. Aktuelle Wirtschaftsanalysen. H. 22. 1991

Abbildung 1
Prognose des Personenverkehrs in den neuen Ländern

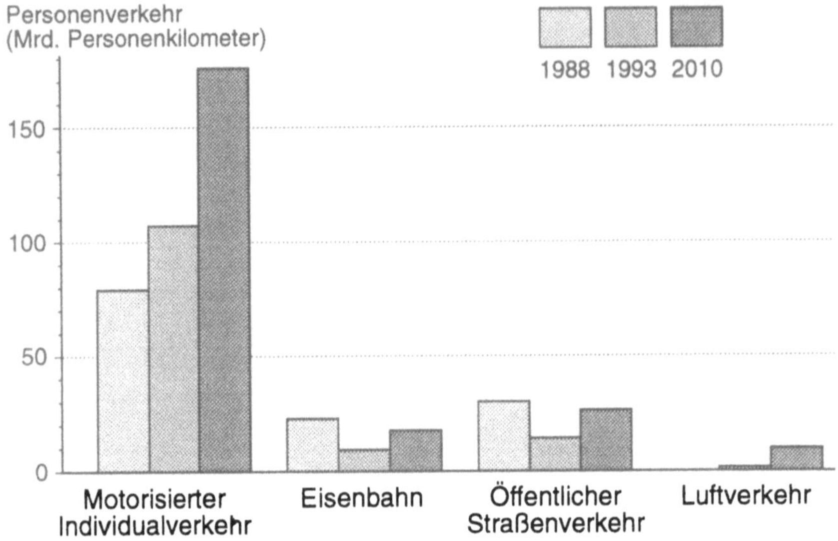

Abbildung 2
Tatsächlicher und prognostizierter Pkw-Bestand in M-V

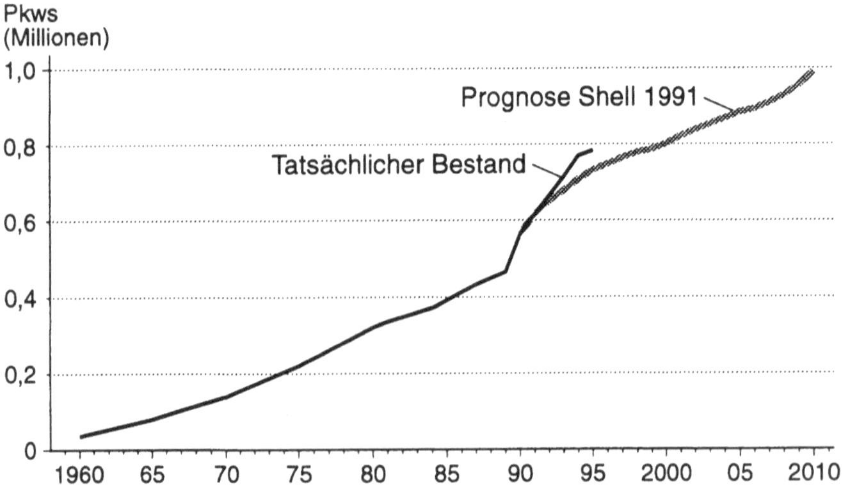

dominiert neben dem zu Fuß gehen (34,6%) eindeutig das Kraftfahrzeug (40,0%), Bus und Bahn machen 5,5% aus[4].

3.2. Güterverkehr

Die staatliche Ladungslenkung zugunsten der Eisenbahn hatte in Ostdeutschland zu einer vollkommen anderen Aufteilung des Güterverkehrs auf die einzelnen Verkehrsträger geführt als in Westdeutschland. Der Umbruch hat entscheidende Veränderungen bewirkt.

Tabelle 2
Verkehrsverteilung (Modal Split) im Güterverkehr der alten und der neuen Länder [tkm: Tonnenkilometer], ohne Seeschiffahrt über die Küstenhäfen[5]

Jahr	Eisenbahn (%)	Straße* (%)	Schiff (%)	Rohr (%)	Gesamt Mrd tkm
Territorium der alten Länder					
1980	25,4	48,7	20,1	5,6	255,3
1990	20,6	56,6	18,3	4,4	300,1
1993	16,6	63,7	15,9	3,7	323,8
Territorium der neuen Länder					
1980	66,7	24,8	2,6	5,9	84,6
1990	69,2	22,0	3,2	5,6	59,1
1993	29,1	64,4	2,0	4,5	49,2

* Straßengüterverkehr einschließlich Nahverkehr

Der größere Teil des Güterverkehrs läuft heute mit dem Lkw über die Straße. Die Ursache hierfür liegt u.a. darin, daß der Straßengüterverkehr unter den gegebenen Rahmenbedingungen die Anforderungen der Nachfrage nach Transport- und Logistikleistungen vorteilhafter erfüllen kann und vielfach ein besseres Preis/Leistungs-Verhältnis aufweist als die konkurrierenden Verkehrsträger. Die Eisenbahn hat bis heute gemessen an 1991 rund die Hälfte ihres Transportvolumens verloren. Die Vorteile der Bahn liegen insbesondere beim Transport größerer Mengen auf mittleren bis längeren Strecken und zwischen festen Wirtschaftszentren. Damit die-

---

[4] Vgl. Urlauberbefragung Saison 1994. Landesfremdenverkehrsverband Mecklenburg-Vorpommern e.V., 22.05.1995

[5] Vgl. Verkehr in Zahlen; Bundesverkehrswegeplan; ifo-Institut für Wirtschaftsforschung, München

Tabelle 3
Güterfernverkehr in Mecklenburg-Vorpommern (in 1.000 t)[6]

	1991	1992	1993	1994
Eisenbahn	16.034	11.960	9.589	8.345
Straße	8.298	14.240	13.302	k.A.
Binnenschiff	77	132	160	146

k.A.: keine Angaben

se Vorteile der Eisenbahn bei freier Wahl des Verkehrsträgers angenommen werden, muß das Angebot verbessert und der Umstieg auf die Bahn erleichtert werden.

Der Binnenschiffsverkehr spielt in Mecklenburg-Vorpommern nur eine relativ geringe Rolle. Er wird im Vergleich zu den anderen Ländern auch in der absehbaren Zukunft nur eine marginale Bedeutung haben.

In Mecklenburg-Vorpommern hat sich zusätzlich der Strukturumbruch der Häfen ausgewirkt. Die Zu- und Abfuhr der Häfen erfolgte früher zu 95 bis 98% durch die Eisenbahnen. Heute werden bei reduzierten Umschlagsleistungen große Transportanteile auf der Straße zu- und abgefahren; die Eisenbahn hat drastische Einbußen hinnehmen müssen.

In den kommenden Jahren wird ein weiteres Anwachsen des Güterfernverkehrs erwartet. Für die neuen Länder ergibt sich gemessen am Jahr 1988 für den Straßengüterfernverkehr bis 2010 eine Veracht- bis Verneunfachung der Transportleistung, während der Eisenbahngüterverkehr nach den Prognosen nicht einmal das Aufkommen von 1988 erreicht (vgl. Abbildung 3).

4. Straße

Die Straße ist derjenige Verkehrsträger, der nahezu jede Verkehrsquelle im Lande mit jedem Verkehrsziel verbindet. So gut wie alle Wohn- und Arbeitsstätten sind durch Straßen miteinander verbunden. Auch die anderen Verkehrsträger benötigen in der Regel die Straße, um den Zu- oder Abgang zu ermöglichen.

4.1 Länge und Qualität des Straßennetzes

Mecklenburg-Vorpommern verfügt über rund 20.000 km Straßen. Hiervon sind etwa die Hälfte Straßen des überörtlichen Verkehrs. Durch den Bau von Autobahnen und insbesondere von Ortsumgehungen wird das Bundesfernstraßennetz in den

[6] Vgl. Statistisches Jahrbuch 1995. Statistisches Landesamt MV

Abbildung 3
Prognose des Güterfernverkehrs in den neuen Ländern

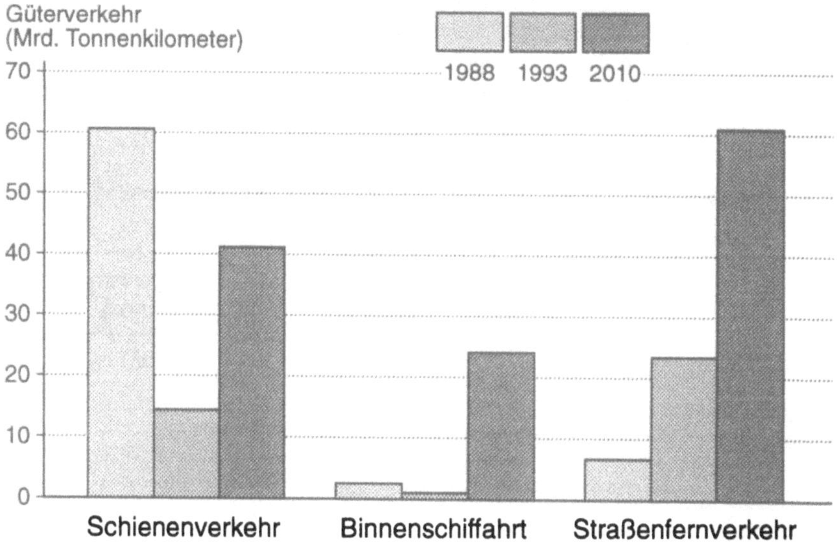

Tabelle 4
Straßennetzlängen in Mecklenburg-Vorpommern und in Deutschland (Stand: 1.1.1995) in km

	M-V	Deutschland	Anteil M-V
Autobahnen	237	10.955	2,2%
Bundesstraßen	2.077	42.123	4,9%
Landesstraßen	3.219	88.054	3,7%
Kreisstraßen	4.107	86.063	4,8%
Gemeindestraßen	ca. 10.360	ca. 390.000	2,7%
Netzlänge gesamt	ca. 20.000	ca. 616.000	3,2%

nächsten Jahren schrittweise erweitert. Dieser Zuwachs wird das Netz insgesamt aber nur noch geringfügig vergrößern.

Bezogen auf die Bevölkerungszahl verfügt das Land über eine recht große Netzdichte. Bei einer flächenbezogenen Betrachtung schneidet Mecklenburg-Vorpommern jedoch nicht so günstig ab.

In den Jahrzehnten nach dem zweiten Weltkrieg wurden die Strukturen der Verkehrsnetze prinzipiell belassen. Infolge ungenügender Erhaltungsmaßnahmen kam es jedoch zu einem Substanzverzehr an der Infrastruktur. Ungenügender Straßenneu- und -ausbau sowie eine nicht den Erfordernissen entsprechende Unterhaltung hatten das Straßennetz in einen desolaten Zustand gebracht. So stand dem Straßenbau in der DDR nur ca. 5% der Bitumenmenge zur Verfügung wie in der BRD. 1990 wiesen nur noch 7% der Fernstraßen und Landstraßen I. O. die Zustandsnote I (keine Beschränkungen) auf. Besonders schlecht war der Zustand der Straßenbrücken.

Tabelle 5
Straßennetzdichten in Mecklenburg-Vorpommern und in anderen Ländern (Straßen des überörtlichen Verkehrs)

	Netzdichte km/1000 Ew	Netzdichte km/km²
Mecklenburg-Vorpommern	5,26	0,41
zum Vergleich:		
Brandenburg	4,54	0,39
Schleswig-Holstein	3,71	0,64
Deutschland	2,79	0,64

Tabelle 6
Zustandsbewertung der Straßen und Brücken im Netz der Bundes- und Landesstraßen (Stand Januar 1995)

Zustandsnote	Merkmal	Anteil am Netz (%) Straßen: Bundes	Anteil am Netz (%) Straßen: Landes	Anteil am Netz (%) Brücken: Bundesstraße	Anteil am Netz (%) Brücken: Landesstraße
I	keine Beschränkungen	67	18	20	20
II	geringe Beschränkungen	16	34	51	42
III	Verkehr ist behindert	17	38	24	27
IV	kaum noch befahrbar	-	10	5	11

Der qualitative Zustand der Straßen hat sich seit 1990 sichtbar verbessert. Umfangreiche Investitionen haben dafür gesorgt, daß von 1990 bis einschließlich 1994 der Anteil der Bundesstraßen mit der Zustandsnote I von 7% auf 67% und der Anteil der Landesstraßen von 7% auf 18% gesteigert werden konnte. Bei den Bundesfernstraßen ist die qualitative Verbesserung am deutlichsten. Dagegen bleibt bei den Landes-, den Kreis- und den Gemeindestraßen noch ein großer Nachholebedarf.

Zahlreiche Straßen in Mecklenburg-Vorpommern führen durch Alleen; allein bei den Bundesstraßen sind es über 40%. Diese Alleen sind landschaftstypisch und stehen unter dem Schutz der Verfassung des Landes (Art. 12 Abs. 1). Bei der Bewahrung der Alleen und der Gewährleistung eines sicheren Verkehrsablaufs ergeben sich mancherorts Zielkonflikte, die die Straßenbauverwaltung und die Verkehrsbehörden vor besondere Herausforderungen stellen.

4.2 Verkehrsbelastung der Straßen

Die Verkehrsbelastung auf den Straßen in Mecklenburg-Vorpommern hat, wie auch der Kraftfahrzeugbestand, seit 1989 sprunghaft zugenommen. Am auffälligsten ist der Anstieg auf der Bundesautobahn A 24 (vgl. Abbildung 4); aber auch andere Straßen weisen teilweise außergewöhnliche Zuwächse auf.

Für die Autobahn A 24 im Westen des Landes wurde 1994 ein DTV (durchschnittlicher täglicher Verkehr) von ca. 42.000 Kfz/Tag ermittelt. Auf der mit nur zwei Fahrstreifen ausgestatteten B 105 liegen die Werte zum Teil bei über 18.000 Kfz/Tag. Bundesstraßen in siedlungsferneren und dünn besiedelten Räumen weisen dagegen auf einzelnen Abschnitten eine Belastung zwischen 2.000 und 3.000 Kfz/Tag auf.

Die Landesstraßen sind wegen ihrer geringeren Netzbedeutung im allgemeinen schwächer belastet als die Bundesstraßen. Auf ihnen wurden je nach Lage meist zwischen 2.000 und 6.000 Kfz/Tag gezählt.

4.3 Bedarfs- und Ausbaupläne

Mit dem Straßenentwicklungsplan Mecklenburg-Vorpommern ist 1992 ein zwischen dem Bund und dem Land weitgehend abgestimmtes Gesamtkonzept für den Straßenaus- und -neubau im Zuge der Bundesfernstraßen vorgelegt worden. Er berücksichtigt die Ergebnisse des Bundesverkehrswegeplanes 1992. Die Projekte des Bundesfernstraßenbaus werden dabei in die Prioritätsstufen "Vordringlicher Bedarf" (Realisierung bis 2012) sowie "Weiterer Bedarf" unterteilt. Gleichfalls enthält der Plan Angaben über die Zielvorstellungen für den Ausbau der Landesstraßen.

Wichtigste Neubauvorhaben von Bundesfernstraßen sind:

- A 20, West-Ost-Autobahn
  Zu den "Verkehrsprojekten Deutsche Einheit" zählt die A20. Sie ist im mecklenburgischen Landesteil eine West-Ost-Achse und dient in Vorpommern im wesentlichen Maße dem Nord-Süd-Verkehr. Sie verbindet die bevölkerungsreichsten Räume des Landes, nimmt die küstennahen Verkehrsströme inklusive

Tabelle 7
Entwicklung des durchschnittlichen täglichen Verkehrs (Kfz/Tag) auf ausgewählten Streckenabschnitten im Straßennetz 1990 und 1993[7]

Straße	Abschnitt	1990	1993
A 24	AS Parchim - AS Suckow	15.000	34.509
A 241	AD Schwerin - Schwerin	3.100	5.830
B 96	Stralsund	13.600	16.935
B 104	Löcknitz - Bundesgrenze	2.300	5.200
B 105	Selmsdorf	12.600	13.248
B 111	B 109 - L 26	3.800	7.118
B 194	Stavenhagen - L 272	3.800	5.504

Abbildung 4
Verkehr auf der A 24 an der Landesgrenze zu Schleswig-Holstein

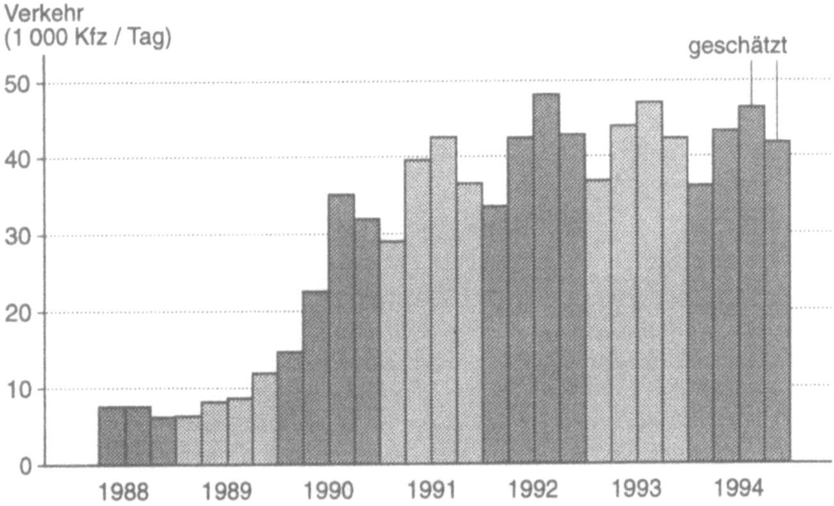

der auf die Häfen orientierten Verkehre auf und erleichtert den Zugang zu den Tourismusschwerpunkten. Weite Bereiche des nachgeordneten Straßennetzes werden vom Verkehr spürbar entlastet.

---

[7] Quelle: Für 1990: BASt, H. V 19; für 1993: Verkehrsmengenkarte MV 1993

Abbildung 5
Investitionsbedarf auf Bundesfernstraßen in MV 1993-2000

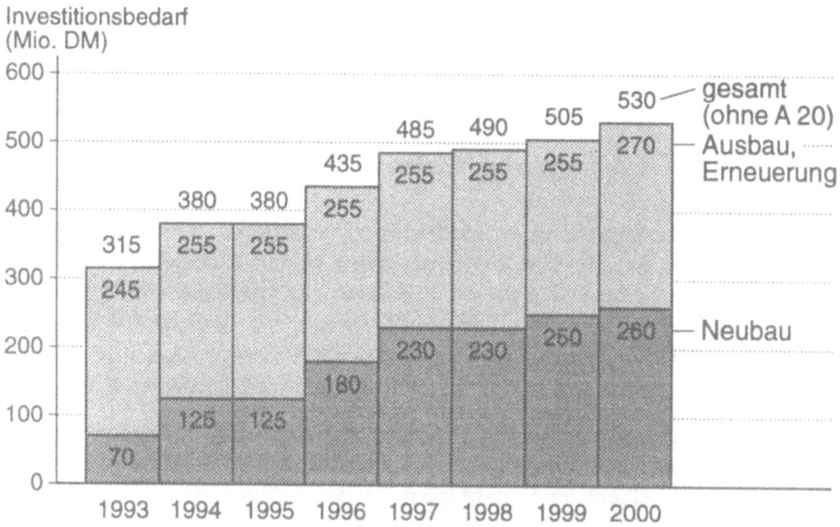

- A 241, Wismar-Schwerin
Diese Autobahn hat Verbindungsfunktionen zwischen der A 24 (Hamburg-Berlin) und der A 20. Sie verknüpft die Landeshauptstadt mit den Autobahnen des Landes. Der Hafenstandort Wismar wird autobahnmäßig an das Hinterland nach Süden angeschlossen. Die A 241 wird zusätzlich an Bedeutung gewinnen, wenn sie über die A 24 hinaus nach Süden in Richtung Wolfsburg oder Magdeburg weitergeführt wird.

- B 96, Zubringer Stralsund/Rügen
Der Zubringer Stralsund/Rügen führt von der A 20 kommend nach Stralsund und über eine zweite Querung des Sundes auf die Insel Rügen. Mit diesem Vorhaben wird die Verkehrssituation in Stralsund und auf dem Rügendamm entschärft. Im Hinblick auf die Brückenfunktion Mecklenburg-Vorpommerns schließt der Zubringer u.a. die Fährhäfen auf der Insel Rügen an das Autobahnnetz an.

- Ortsumgehungen und weitere Netzergänzungen
Der Bau von Ortsumgehungen ist für einen zügigen Verkehrsablauf und zur Entlastung der Bevölkerung in den Ortslagen geboten. Umgehungsstraßen tragen maßgeblich dazu bei, die Wohn- und Lebensqualität in den Städten und Gemeinden zu verbessern und die Verkehrssicherheit zu erhöhen. Sie sind Voraussetzung für wünschenswerte städtebauliche Entwicklungen im Bereich

der bisherigen Ortsdurchfahrten. Im "Vordringlichen Bedarf" sind insgesamt 44 Maßnahmen vorgesehen.

Neben dem Neubau von Straßen ist auch dem Ausbau und der Substanzerhaltung vorhandener Straßen weiterhin große Aufmerksamkeit zuzuwenden. Der Ausbau wird auch in den kommenden Jahren zügig vorangetrieben. Der Schwerpunkt wird sich allerdings auf die Ortsdurchfahrten verlagern.

4.4 Finanzierungsbedarf für den Ausbau des Straßennetzes

Für die Bundesfernstraßen in Mecklenburg-Vorpommern sind von 1991 bis 1994 insgesamt 1.265 Mio DM investiert worden, bei den Landesstraßen waren es 332 Mio DM. Den Gemeinden flossen im Rahmen des Gemeindeverkehrsfinanzierungsgesetzes (GVFG) 543 Mio DM als Fördermittel zu. Insgesamt sind also in den vergangenen vier Jahren 2,14 Mrd DM in die Verbesserung der Straßen geflossen. Hinzu kommen jene Mittel, die die Gemeinden selbst aufwendeten.

Erneuerung, Aus- und Neubau des Straßennetzes werden auch in den kommenden Jahren beträchtliche Investitionen erfordern. Der Investitionsbedarf für die Bundesfernstraßen in Mecklenburg-Vorpommern für den Zeitraum von 1995 bis 2000 beträgt 5,07 Mrd DM. Davon sind für die A 20 bis zum Jahr 2000 insgesamt 2,17 Mrd DM vorgesehen; auf den Neubau anderer Maßnahmen entfallen 1,30 Mrd DM und für den Ausbau und die Erneuerung der vorhandenen Bundesfernstraßen kommen 1,60 Mrd DM (vgl. Abbildung 5).

Geht man davon aus, daß in etwa zwanzig Jahren die Landesstraßen auf den Ausbaustandard der alten Länder gebracht sein sollen, so ergibt sich von 1995 bis zum Jahr 2000 ein Finanzierungsbedarf von insgesamt 1,02 Mrd DM und damit jährlich von etwa 170 Mio DM. Diesem Bedarf liegt ein jährlicher Erneuerungsumfang von etwa 140 km Landesstraßen und der Bau einer Ortsumgehung pro Jahr zugrunde (vgl. Abbildung 6).

Der kommunale Straßenbau wird über Finanzhilfen des Bundes auf der Grundlage des GVFG gefördert. Auf Grund der vorliegenden Förderanträge ist von einem Finanzbedarf bis zum Jahr 2000 von jährlich 150 Mio DM auszugehen. Damit ergibt sich für den Planungszeitraum bis 2000 ein Mittelbedarf von insgesamt 900 Mio DM. Die Bereitstellung der Fördermittel des Bundes ist in den kommenden Jahren stark rückläufig, so daß für den Zeitraum bis 2000 nur noch ca. 240 Mio DM zur Verfügung stehen werden. Aus diesem Grunde ist es erforderlich, für den kommunalen Straßenbau künftig Mittel aus dem Landeshaushalt bereitzustellen.

Tabelle 8
Ortsumgehungen des "Vordringlichen Bedarfs" des Bundesverkehrswegeplanes

B 5 OU Boizenburg	B 109 OU Jatznick
B 96 OU Greifswald	B 110 OU Gnoien
B 96 OU Völschow	B 110 OU Dargun
B 96/B 104 Neubrandenburg	B 110 OU Jarmen
B 96 OU Usadel	B 110 OU Demmin
B 96 OU Weisdin	B 111 OU Wolgast
B 96 OU Neu- / Altstrelitz	B 191/B 321 OU Parchim
B 103 /B 104 Güstrow	B 191 OU Neustadt-Glewe
B 104 OU Schönberg	B 191/B 106 OU Ludwigslust
B 104 OU Gadebusch	B 191 OU Plau
B 104 OU Brüel	B 192 OU Warin
B 104 OU Schwerin (Nordumgeh.)	B 192 OU Goldberg
B 104/B 108 OU Teterow	B 192 OU Penzlin
B 104 OU Woldegk	B 192 OU Waren, westl. Teil
B 104 OU Pasewalk	B 194 OU Loitz
B 104 OU Löcknitz	B 196 OU Bergen
B 105 OU Kröpelin	B 197 OU Friedland
B 105 OU Bentwisch	B 198 OU Mirow, I. BA.
B 105/B 96 OU Stralsund	B 321 OU Pampow
B 105 OU Ribnitz-Damgarten	B 321 OU Crivitz
B 106 OU Schwerin (Westumgeh.)	B 321 OU Hagenow
B 109 OU Anklam	B 321Pampow-AS A 24 (OU Warsow und OU Bandenitz)

5. Schiene

Der Schiene kommt für Mecklenburg-Vorpommern weiterhin große Bedeutung zu. Mit der Bahnstrukturreform ist ein wesentlicher Schritt zu einer nach kaufmännischen Gesichtspunkten arbeitenden Eisenbahn des Bundes getan worden.

5.1 Schienennetz

Das Schienennetz der Deutschen Bahn AG in Mecklenburg-Vorpommern umfaßt 2.131 km (Stand 31.12.1994). Davon sind 1.049 km Hauptbahnen und 1.082 km Nebenbahnen. 479 km der Hauptstrecken sind zweigleisig ausgebaut und

Abbildung 6
Investitionsbedarf für Landesstraßen in MV 1993-2000

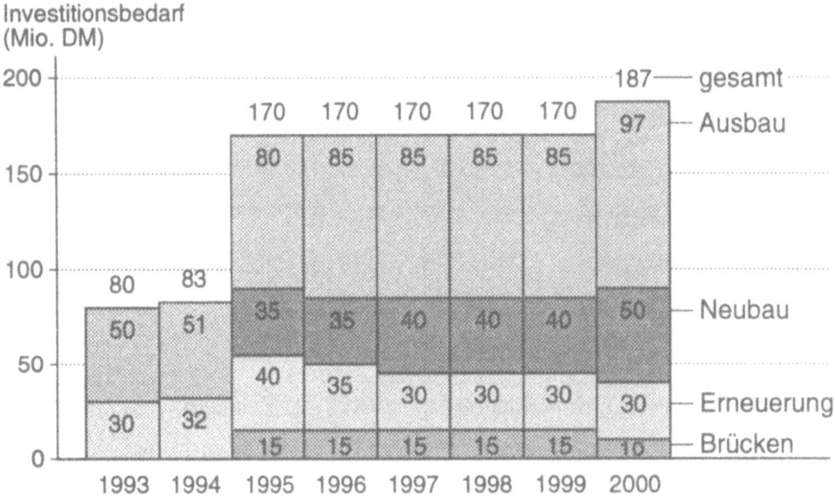

846 km des Streckennetzes im Lande sind elektrifiziert, 65 km davon im Nebennetz. Der größte Teil der Verkehrsleistungen wird auf einem relativ kleinen Teil des Netzes erbracht.

Die mit Dampf betriebenen Schmalspurbahnen "Molli" und der "Rasende Roland" sind Attraktionen, die weit über die Landesgrenzen bekannt sind. Insbesondere wegen ihrer großen touristischen Bedeutung für die jeweiligen Regionen sind sie zu erhalten. Der "Molli" wurde zum 1.10.1995 aus der DB AG ausgegliedert und in kommunale Trägerschaft übergeben; gleiches ist für den "Rasenden Roland" zum 1.1.1996 vorgesehen.

Die Deutsche Fährgesellschaft Ostsee (DFO), eine Tochtergesellschaft der Deutschen Bahn AG, betreibt die Eisenbahnfährlinie Sassnitz-Trelleborg/Bornholm und hat ab Juni 1994 eine neue Linie von Rostock-Seehafen nach Trelleborg aufgenommen.

Die Schienennetzdichte des Landes erreicht mit 9 km/100 km² flächenbezogen annähernd den Mittelwert für die Bundesrepublik Deutschland. Bedingt durch die bis zur Wiedervereinigung im Ostteil Deutschlands gegebene Ausrichtung der Verkehrsströme auf die Nord-Süd-Relationen sind jedoch die Ost-West-Strecken vernachlässigt worden. Auch haben die in der Vergangenheit sehr hohen Anforderungen im Reise- und Güterverkehr zu Rückständen in der planmäßigen Erneuerung und Unterhaltung geführt. Als Folge daraus ergibt sich für das Schienennetz der neuen Länder ein großer Nachholebedarf. Zum einen sind die Strecken in Ost-West-Richtung wiederherzustellen und auszubauen, zum anderen sind die Strecken in Nord-Süd-Richtung zu sanieren.

Im Rahmen der Regelungen zur Bahnstrukturreform hat der Bund seine Bereitschaft erklärt, aus dem Altlastenfonds nach § 22 Abs. 1 Nr. 2 des Deutsche Bahn Gründungsgesetzes in den Jahren von 1994 bis 2002 bis zu 33 Mrd. DM für investive Zwecke bereitzustellen. Sie dienen der Angleichung des Schienennetzes im Bereich der ehemaligen Deutschen Reichsbahn an den Ausbauzustand, die technische Ausstattung und das Produktivitätsniveau der ehemaligen Deutschen Bundesbahn. Mindestens 30% dieses Volumens soll dem Schienenpersonennahverkehr zugute kommen.

Mecklenburg-Vorpommern wie die anderen neuen Länder wirken an den entsprechenden Investitionsplanungen der Deutschen Bahn AG mit. Mecklenburg-Vorpommern ist besonders daran interessiert, daß nicht nur Maßnahmen im Hauptnetz, sondern auch Maßnahmen auf dem Nebennetz der DB AG gefördert werden. Der investive Nachholebedarf für das Schienennetz in Mecklenburg-Vorpommern wird auf rd. 3,6 Mrd DM geschätzt.

5.2 Ausbau der Infrastruktur

Einen wesentlichen Beitrag zur Verbesserung der Schieneninfrastruktur sollen die "Verkehrsprojekte Deutsche Einheit" leisten. Am Projekt Nr. 2, dem Ausbau der Strecke Hamburg-Büchen-Ludwigslust-Berlin, wird seit 1991 gebaut. Für das Projekt Nr. 1, die Strecke Lübeck/Hagenow Land-Rostock-Stralsund, erfolgte der "Erste Spatenstich" am 6.2.1993.

Die Strecke Berlin-Hamburg soll durchgängig für eine Geschwindigkeit von 160 km/h mit der Option für eine spätere Erhöhung auf 200 km/h ausgebaut werden. 1997 soll die Reisezeit zwischen diesen beiden Oberzentren 2 Stunden und 10 Minuten statt heute 3,5 Stunden betragen.

Auf der Strecke Lübeck/Hagenow Land-Rostock-Stralsund ist die Anhebung der Geschwindigkeit auf bis zu 160 km/h vorgesehen. Hinsichtlich der Ausbauparameter und der zeitlichen Realisierung dieses Projektes gibt es Differenzen zwischen dem Land Mecklenburg-Vorpommern und dem Bund. Das Land steht hinter der ursprünglichen Zielsetzung, die Gesamtstrecke zweigleisig und elektrifiziert herzustellen. Davon wurden auf Grund der Finanzsituation des Bundes erhebliche Abstriche gemacht.

Um einer weiteren Aufkommensverlagerung von der Schiene auf die Straße entgegenzuwirken und um Aufkommen zurückzugewinnen, ist eine konsequente Erhöhung der Attraktivität des Personen- und Güterverkehrs auf der Schiene erforderlich. Deshalb ist über den geltenden Bundesverkehrswegeplan hinaus ein weiterer Ausbau der Infrastruktur erforderlich.

Die Bedeutung der Insel Usedom für den Fremdenverkehr erfordert eine durchgehende Eisenbahnanbindung zwischen der Insel und dem Festland. Mit dem Lückenschluß in Wolgast und der geplanten Verlängerung der Bäderbahn bis zur Grenze mit Polen wird dem Rechnung getragen.

6. Häfen und Wasserstraßen

6.1 See- und Fährhäfen

Die Hauptaufgabe für die Häfen in Mecklenburg-Vorpommern liegt vor allem im Europa-, und hier insbesondere im Ostseeverkehr. Ziel des Landes ist es, die Stellung der Häfen als wichtiges Glied in der Transportkette zu stärken. Der Seeverkehr möglichst in Verbindung mit anderen umweltfreundlichen Verkehrsträgern soll gefördert werden. Das Land unterstützt den Ausbau der Hafeninfrastruktur, um die Bedingungen der Hafenstandorte in Mecklenburg-Vorpommern im bestehenden harten Wettbewerb zu verbessern.

Tabelle 9
Daten der Verkehrsprojekte Deutsche Einheit Nr. 1 und Nr. 2

	Berlin-Hamburg[8]	Lübeck/Hagenow Land-Stralsund[9]
Gesamtstrecke	270 km	242 km
davon in M-V	81 km	235 km
Anhebung der Geschwindigkeit	160 km/h Option 200 km/h	120-160 km/h
Kosten	3,6 Mrd DM	1,80 Mrd DM
davon in M-V	1,1 Mrd DM	1,76 Mrd DM
Planungszeitraum	1991-1995	1992-2004
Bauzeitraum	1991-1997	1993-2006

Der Seehafen Rostock hat als Universalhafen sehr günstige Voraussetzungen. Er verfügt über leistungsfähige Hafeneinrichtungen, gute Hinterlandverkehrsanbindungen durch Straße und Schiene und über eine relativ kurze seewärtige Zufahrt.

---

8 Stand 01.07.1993

9 Stand 25.09.1995

Die geplante Vertiefung der Zufahrt auf 14,5 m und Verbreiterung von 80 auf 120 m wird die Leistungsfähigkeit und die Attraktivität des Hafens merklich erhöhen.

Tabelle 10
Umschlag der bedeutendsten Seehäfen in Mecklenburg-Vorpommern in Mio t

	1980	1985	1989	1990	1991	1992	1993	1994
Rostock	15,3	19,7	20,7	13,2	8,0	10,4	12,0	15,8
Wismar	3,3	4,5	3,3	3,0	2,0	2,0	1,7	1,7
Stralsund	0,7	1,0	1,0	0,8	0,6	1,0	0,6	0,8
Insgesamt	19,3	25,1	25,1	17,0	10,6	13,4	14,3	18,3

Der Seehafen Wismar ist ein leistungsfähiger universeller Seeumschlagsplatz. Auf Grund seiner geographischen Lage wird der Hafen zunehmende Bedeutung als regionaler Umschlagplatz erlangen. Er ist künftig über die A 20 und die A 241 straßenseitig gut an das Fernstraßennetz angebunden. Der Wahrnehmung von sogenannten Nischenfunktionen in der Hafenwirtschaft kommt besondere Bedeutung zu.

Mit dem Seehafen Stralsund verfügt Mecklenburg-Vorpommern über einen weiteren Universalhafen für den Umschlag und die Lagerung von Schütt- und Stückgütern. An das Hinterland ist er derzeit über die Schiene und künftig auch über die Autobahn (Zubringer zur A 20) gut angebunden. Der Ausbau der Ostansteuerung Stralsund für Schiffe bis zu einer Länge von 230 m, einer Breite von 32,2 m und einer Tiefe von 6,0 m wurde beim Bundesminister für Verkehr beantragt.

Die Entwicklung der anderen Häfen in Vorpommern - besonders Wolgast, Greifswald und auch Ueckermünde - wird wesentlich vom Wirtschaftswachstum in dieser Region und auch im benachbarten Polen abhängig sein. Für diese Häfen gilt es, durch Verbesserung der Hinterlandanbindung, durch Ausbau der bestehenden Hafeninfrastruktur und Modernisierung der Umschlagsanlagen neue Perspektiven zu eröffnen. Über diese Häfen können dann der Großraum Berlin und andere neue Länder vor allem mit Baustoffen aus Skandinavien über die Binnenwasserstraße bedient werden.

Der Hafen Mukran ist, am seeschifftiefen Wasser gelegen, als wirtschaftlicher Schwerpunkt im Nordosten der Insel Rügen besonders entwicklungsfähig. Derzeit bestehen Fährverbindungen nach Klaipeda (seit 1986) und nach Rønne (seit 1993). Wegen seiner Breitspuranlagen wird er scherzhaft auch als der westlichste Bahnhof der Transsibirischen Eisenbahn bezeichnet.

Im Hafen Sassnitz werden Fährverkehre nach Trelleborg und nach Rønne abgewickelt. Temporäre Veränderungen im Verkehrsaufkommen werden - wie beim Hafen Mukran - hauptsächlich von den Bedingungen der landseitigen Verkehrsanbindungen beeinflußt. Durch die beabsichtigten Verkehrsverlagerungen von Sassnitz in den Hafen Mukran, ergibt sich für Sassnitz die Chance, sich stärker als bisher den Erfordernissen des sogenannten weißen Tourismus zu öffnen.

Tabelle 11
Verkehrsleistung im Fährverkehr 1994

	Warnemünde	Rostock	Sassnitz	Mukran
Passagiere	936.731	1.007.978	882.479	82.265
Pkw	95.444	221.506	155.789	22.163
Lkw/Trailer	18.803	84.031	26.299	29.883
Reisezugwagen	4.543	-	5.841	-
Güterwagen	48	23.300	107.481	35.092
Ladung (1.000 t)	- [10]	1.791[11]	3.061	1.240[12]

6.2 Wasserstraßen

Die Wasserstraßen sind für Mecklenburg-Vorpommern Verkehrsträger von großer Bedeutung; dies gilt insbesondere für die Seeschiffahrtsstraßen.

Die Küstenschiffahrt kann neben den führenden Seehäfen weitere Häfen und Anleger anlaufen. Diese liegen in der Wismarer Bucht, an der Unterwarnow in Rostock, auf der Insel Rügen, im Strelasund sowie an der vorpommerschen Ostseeküste und in den Boddengewässern.

Die Binnenschiffahrtsstraßen in Mecklenburg-Vorpommern sind nicht besonders ausgedehnt. Sie bilden kein vernetztes Verkehrswegesystem. Die Wasserstraßen im Elde-Müritz-Havel-Bereich haben eine Gesamtlänge von 311,5 km; sie verbinden die Mecklenburgische Seenplatte westwärts mit der Elbe bei Dömitz und ostwärts mit den Berliner Wasserstraßen. Für die touristische Fahrgastschiffahrt und den Sportbootverkehr sind sie von großer Bedeutung.

6.3 Hinterlandanbindungen

Infolge des außerordentlichen Anstiegs des Straßengüterverkehrs am Hafenumschlag hat die straßenmäßige Hinterlandanbindung besondere Bedeutung gewonnen.

---

[10] Keine Angaben

[11] Diese Menge in der Tabelle „Umschlag ..." für 1994 enthalten

[12] Angabe betrifft nur den Fährverkehr

7 Luftverkehr

7.1 Aufgaben des Luftverkehrs für Mecklenburg-Vorpommern

Das Land Mecklenburg-Vorpommern hat auf Grund seiner dünnen Besiedlung sowie seiner geographischen Lage wirtschaftliche Standortnachteile, die durch die noch unzureichend ausgebildete Verkehrserschließung verstärkt werden. Der Luftverkehr ist geeignet, diese Standortnachteile zu mildern.

Es ist für das Land Mecklenburg-Vorpommern deshalb wichtig, den Bedarf an schnellen Verkehrsverbindungen durch Luftverkehr zu ergänzen und darüber hinaus Anbindung über andere Verkehrsflughäfen an das kontinentale und interkontinentale Luftverkehrsnetz zu schaffen. Hierbei hat das Land auch im Luftverkehr eine Brückenfunktion zu Nord- und Osteuropa.

Das in der Bundesrepublik bestehende multizentrische Flughafensystem wird - in vereinfachter Form - auch für Mecklenburg-Vorpommern als zweckmäßig angesehen.

Tabelle 12
Modal Split im Hinterlandverkehr der Häfen Mecklenburg-Vorpommerns 1992 (in Prozent)[13]

	Rostock	Wismar	Stralsund	Sassnitz	Mukran
Straße	49	58	87	9	56
Schiene	29	42	10	91	44
Binnenschiff	-	-	3	-	-
Rohrleitung	22	-	-	-	-

7.2 Flugplätze im Lande

In Mecklenburg-Vorpommern werden z. Z. 23 zivile Flugplätze betrieben sowie zwei Bundeswehrflugplätze, die zivil mitbenutzt werden (vgl. Abbildung 7). Darunter sind fünf Flugplätze, die als sogenannte Regionalflugplätze bezeichnet werden und vor allem der Anbindung an Flugziele außerhalb des Landes dienen sollen. Sie sind wichtige Knoten für die Verknüpfung der Verkehrsträger. Die Regionen des Landes werden durch diese Flugplätze angemessen abgedeckt.

---

[13] Vgl. Strukturanalyse der Wirtschaft des Bundeslandes Mecklenburg-Vorpommern im Prozeß der martkwirtschaftlichen Strukturanpassung, Universität Rostock

Abbildung 7
Flugplätze in M-V Start und Fluggäste (1994)

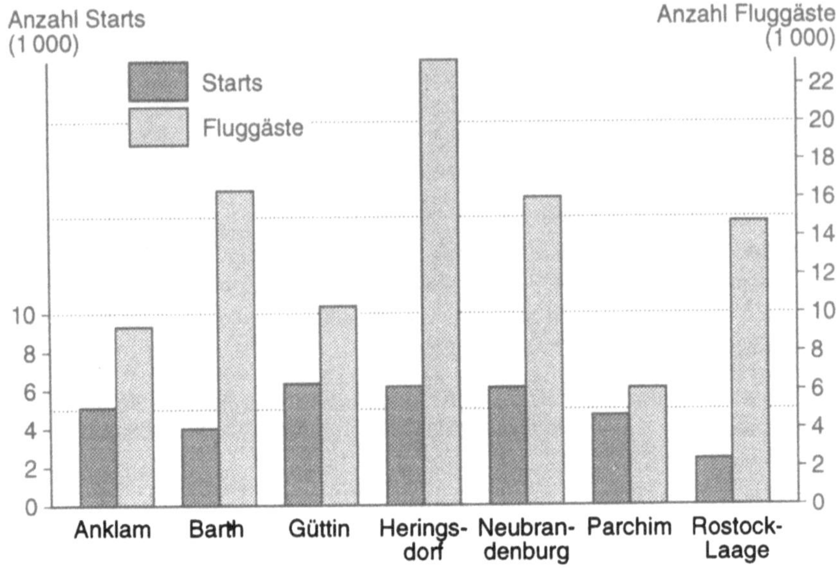

Diese Plätze sind

1) der von der Bundeswehr betriebene Flugplatz Rostock/Laage, der zivil mitbenutzt werden kann,
2) der ebenfalls von der Bundeswehr betriebene, zivil mitbenutzte Flugplatz Neubrandenburg/Trollenhagen,
3) der Flughafen Heringsdorf auf Usedom,
4) der Flughafen Barth,
5) der Flughafen Parchim (Mecklenburg).

8. Magnetschnellbahn

Als technisch einsatzreif, ökologisch verantwortbar und ökonomisch sinnvoll hat das Transrapid-Konsortium 1991 die Magnetschwebebahn vorgestellt und als Referenzstrecke die Strecke Berlin-Hamburg ausgewählt. Der BVWP '92 hat dieses Vorhaben aufgenommen. Die Bundesregierung hat im März 1994 den Bau dieser Strecke beschlossen. Auf der knapp 300 km langen Strecke wird die Magnetschwebebahn weniger als eine Stunde Fahrzeit benötigen.

Der Landtag und die Landesregierung Mecklenburg-Vorpommern haben dieses Vorhaben befürwortet. Die Magnetschwebebahn wird in Mecklenburg-Vorpommern bei Schwerin einen Haltepunkt erhalten. Von diesem Haltepunkt aus wird der Reisende nach ca. 20 Minuten im Hauptbahnhof Hamburg oder in ca. 40 Minuten in Berlin eintreffen.

9. Ausblick: Herausforderungen der Verkehrspolitik in Mecklenburg-Vorpommern

Mecklenburg-Vorpommern benötigt für die verschiedenen Verkehrsträger untereinander vernetzte Verkehrsanlagen, die alle Landesteile durch leistungsfähige Verbindungen miteinander verknüpfen, die Randlage des Landes innerhalb Deutschlands kompensieren und die Lagegunst des Landes in seiner wirtschaftlichen, sozialen und kulturellen Anbindung an Nord- und Osteuropa stärken.

Änderungen im Verkehrswesen vollziehen sich im allgemeinen Schritt um Schritt. Der Staat kann dann, entweder reagierend oder auch vorwegnehmend, durch ordnungspolitische oder infrastrukturelle Maßnahmen tätig werden. Die sprunghaften Änderungen seit 1990 stellen jedoch die öffentliche Hand vor Herausforderungen nicht gekannten Ausmaßes. Insbesondere der infrastrukturelle Nachholebedarf ist derartig groß, daß die wünschenswerte Schaffung einer modernen, leistungsfähigen Verkehrsinfrastruktur in allen Gebieten des Landes in gewohnten Zeiträumen nicht möglich ist. Es wird großer Anstrengungen und eines langen Atems bedürfen, die Vorhaben zu verwirklichen.

Hans Obenaus

VERKEHRLICHE KONSEQUENZEN DES SUBURBANISIERUNGSPROZESSES IM RAUM ROSTOCK

1. Einführung

Prozesse der Suburbansierung sind als Phase der Entwicklung von Verdichtungsräumen auf dem Gebiet der neuen Bundesländer (NBL) seit dem politischen Wandel im Jahre 1989/90 ein neues Phänomen der Stadt-Umlandentwicklung.

Diese Prozesse werden im Vergleich zu den alten Bundesländern (ABL)[1] mit einer Zeitverzögerung von ca. drei bis vier Jahrzehnten wirksam.

Mit diesen Entwicklungen sind vor allem tiefgreifende Veränderungen im Verkehr verbunden, die zur Herausbildung neuer Verkehrsströme und Verkehrsrelationen geführt haben. Der MIV zwischen Kernstädten und Umländern in Verdichtungsräumen hat inzwischen Dimensionen angenommen, der kaum noch zu beherrschen ist. Er hat den öffentlichen Verkehr auf ein unvertretbares Maß zurückgedrängt.

Mit diesem Beitrag sollen einige Aspekte der Entwicklung der Suburbanisierung am Beispiel der Stadtregion Rostock aufgezeigt, einige Konsequenzen verkehrlicher Entwicklung dargestellt und Schlußfolgerungen für künftige Prozesse von Suburbanisierung und Verkehr abgeleitet werden.

2. Zur Ausgangslage der Suburbanisierung in den neuen Bundesländern und der Stadtregion Rostock

Die Entwicklung von Stadtregionen war in den beiden Nachkriegsstaaten bis zu ihrer Wiedervereinigung im Jahre 1990 infolge unterschiedlicher gesellschaftlicher Rahmenbedingungen stark gegensätzlich verlaufen.

Während in den alten Bundesländern Suburbanisierung im Vordergrund stand, die von zahlreichen Fachautoren zu den wichtigsten raumbildenden Prozessen

---

[1] Beiträge zum Problem der Suburbanisierung (1. Teil). Akademie für Raumforschung und Landesplanung (Hrsg.); Forschungs- und Sitzungsberichte, Bd. 102, Hannover 1975 Beiträge zum Problem der Suburbanisierung (2. Teil). Ziele und Instrumente der Planung im suburbanen Raum. Akademie für Raumforschung und Landesplanung (Hrsg.); Forschungs- und Sitzungsberichte, Bd. 125, Hannover 1978

nach dem II. Weltkrieg gezählt werden[2], prägten in der DDR Urbanisierungsprozesse die Entwicklung von Stadtregionen. Triebkräfte einer Suburbanisierung fehlten hier vor 1990. Der vom Staat geplante Wohnungsbau konzentrierte sich auf die Kernstädte. Private Wohnhäuser und Suburbanisierung auf dem Gewerbesektor blieben eine Randerscheinung. Die scharfe Abgrenzung der Kernstädte vom Umland durch städtische Großsiedlungsteile einerseits und ländliche Siedlungs- und Nutzungsformen andererseits waren charakteristisch. Neben relativ gleichartigen primären Strukturmerkmalen von Stadtregionen[3] wiesen die sekundären Merkmale dieser Regionen in Gestalt von Verdichtungsformen und Dichteprofilen Unterschiede auf. Beispielhaft durchgeführte Analysen dieser Merkmale ostdeutscher Stadtregionen demonstrieren diese Unterschiede, die letztlich Ausdruck differenzierter historischer Entwicklungen und unterschiedlicher Einflüsse von Naturbedingungen und verkehrlicher Lagen darstellen.[4] Die Ausgangslage vor der Suburbanisierung in ostdeutschen Stadtregionen hat die Bundesforschungsanstalt für Landeskunde und Raumordnung mit ihrer neueren siedlungsstrukturellen Gebietstypisierung für die Vergleichbarkeit raumordnerischer Daten alter und neuer Bundesländer charakterisiert. Tabelle 1 belegt die unterschiedlichen Prozesse von Suburbanisierung und Urbanisierung, die bis 1990 in West- bzw. Ostdeutschland abgelaufen sind. Die Stadtregion Rostock war bis 1990 ebenso wie andere Stadtregionen durch Urbanisierung geprägt worden. Als Stadtregion wird seit 1990 ein Raum verstan-den, zu dem im Sinne des Regionalen Raumordnungsprogrammes Mittleres Mecklenburg/Rostock[5] neben der Kernstadt ein ca. 20 km im Umkreis der Stadt befindliches Umland mit ca. 50 Gemeinden gehört. In diesem Gebiet lebten vor 1990 ca. 300.000 EW, womit dieser Raum die stärkste Bevölkerungskonzentration Ostdeutschlands nördlich von Berlin darstellte.

In der Kernstadt waren im Jahre 1988 von den ca. 1,8 Mill. EW Mecklenburg-Vorpommerns 254.000 wohnhaft.[6] Dies war zugleich die größte Bevölkerungszahl in ihrer bisherigen Geschichte. Der Zuwachs der EW-Zahl betrug von 1955 bis 1988 rund 100.000, was vor allem der Errichtung bzw. dem Ausbau von zwei Großwerften sowie Zulieferindustrien, der Entwicklung der Seeschiffahrt und der Hochseefischerei, dem Ausbau des Überseehafens und zahlreicher Funktionen im

---

[2] Befragung zum Verkehrsverhalten der Bewohner neuer Wohnsiedlungen im Ordnungsraum Rostock, Universität Rostock, Institut für Verkehr und Logistik, Rostock Oktober 1994 (unveröffentlicht)

[3] City; engeres Stadtgebiet, Stadtrandzone, engeres und weiteres Umland

[4] Breitzmann, K.-H./Obenaus, H.: Wechselwirkungen von raumwirtschaftlich wichtigen Planungsfällen und Verkehr am Beispiel des Flächenlandes Mecklenburg-Vorpommern. In: Rostocker Beiträge zur Verkehrswissenschaft und Logistik; Shipping, Ports and Transport in Transition to a Market Economy; Seeschiffahrt, Seehäfen und Verkehr im Prozeß der marktwirtschaftlichen Transformation; Universität Rostock, 1994, S. 27- 53

[5] Regionales Raumordnungsprogramm. Mittleres Mecklenburg/Rostock. Regionaler Planungsverband Mittleres Mecklenburg/Rostock /Hrsg.), 18.10.1994

[6] Statistisches Jahrbuch Hansestadt Rostock, Jahrgänge 1991, 1992, 1993, 1994; 1994; Stadtverwaltung der Hansestadt Rostock, Amt für Stadtentwicklung, Statistik und Wahlen, Rostock

Tabelle 1
Bevölkerungsdichte und -entwicklung in alten und neuen Bundesländern nach Gebietstypen

Gebietstyp	Bevölkerungsdichte 1990 Ew/km²		Bevölkerungsdichte 1980 - 1990 in %	
	ABL	NBL	ABL	NBL
1. Regionen mit großen Verdichtungsräumen	496	358	2,2	- 0,8
1.1 Kernstädte	2055[1]	3091[2]	- 1,0	5,2
1.2 Hochverdichtete Kreise	518	320	4,7	- 10,2
1.3 Verdichtete Kreise	229	206	5,2	- 9,1
1.4 Ländliche Kreise	111	109	5,5	- 5,2
2. Regionen mit Verdichtungsansätzen	190	155	3,8	- 4,6
2.1 Kernstädte	1167	1546	- 0,2	1,0
2.2 Verdichtete Kreise	199	166	5,0	- 7,1
2.3 Ländliche Kreise	108	93	4,0	- 4,7
3. Ländl. geprägte Kreise	119	71	4,5	- 3,2
3.1 Verdichtete Kreise	158	137	5,2	- 1,3
3.2 Ländliche Kreise	93	55	3,8	- 4,3

[1] ohne Berlin-West
[2] mit Berlin-West

Quelle: Materialien zur Raumentwicklung. Heft 47. Laufende Raumbeobachtung. Aktuelle Daten zur Entwicklung der Städte, Kreise und Gemeinden 1989/90; Bundesforschungsanstalt für Landeskunde und Raumordnung (Hrsg.), Bonn 1992

Rahmen des ehemaligen Bezirkes Rostock geschuldet war.

Die damalige Zunahme der Stadtbevölkerung war zu 60% auf Binnenwanderungsgewinne zurückzuführen. Dabei hatten ca. 85% der Wanderungsgewinne ihr Quellgebiet im nördlichen Teil Ostdeutschlands; etwa 40% wanderten allein aus dem unmittelbaren Umland von Rostock zu. Das Umland blieb mit 77 EW/km² außerordentlich dünn besiedelt, und vorwiegend kleine Siedlungen (ca. 75%) mit weniger als 250 EW prägten bis 1990 die Siedlungsstruktur.

Die Einstufung des Ordnungsraumes Rostock als Region mit Verdichtungsansätzen ist insofern gerechtfertigt, als 150 EW/km² lt. BfLR als Minimum dieser Kategorie angesetzt sind, aber 285 EW/km² in diesem Raum erreicht wurden.[7]

3. Suburbanisierungsprozesse in der Stadtregion Rostock

Mit den neuen wirtschaftlichen und politischen Rahmenbedingungen wurden auch in der Stadtregion Rostock ebenso wie in anderen Stadtregionen Ostdeutschlands Triebkräfte frei, die den Prozeß der Suburbanisierung in Gang setzten.

Charakteristisch sind allerdings beachtliche Unterschiede zum Ablauf dieser Prozesse im Vergleich zu den alten Bundesländern.

Zum einen wurde der Prozeß der Suburbanisierung vorrangig unter den Bedingungen eines starken Druckes nach Schaffung neuer Arbeitsplätze in neuen Gewerbestandorten und des hohen Bedarfes an modernen Einkaufszentren wirksam, die zu einem scharfen Wettbewerb zwischen der Kernstadt und den Umlandgemeinden um Gewinnung von Investoren führte. Eine stark aggressive Investitionspolitik besonders großer Handelsketten konnte unter den Bedingungen eines bis 1993/94 fehlenden Instrumentariums der Raumordnung/Landesplanung wirksam werden.

Das erste Landesraumordnungsprogramm[8] trat erst im Juli 1993 in Kraft, das erste regionale Raumordnungsprogramm in den NBL, das Regionale Raumordnungsprogramm Mittleres Mecklenburg/Rostock, wurde erst im Juni 1994 bestätigt. Damit war die Handlungsfähigkeit der Raumordnung/Landesplanung stark eingeschränkt; spontanen Entwicklungen wurde dadurch das Feld geebnet. Ergebnisse solcher Investitionstätigkeit blieben deshalb nicht aus, die den Zielstellungen der Raumordnung/Landesplanung in Deutschland widersprechen.

Zum zweiten führte die starke Investitionskraft der Handelsketten und Förderungspolitik des Landes zur Schaffung neuer Gewerbegebiete auch in der Stadtregion Rostock dazu, daß die Prozesse der Suburbanisierung auf dem gewerblichen Sektor im Gegensatz zu 20 bis 30 jähriger Dauer in vergleichbaren Stadtregionen der ABL in einem Zeitraffertempo von 5 - 7 Jahren ablaufen.[9]

---

[7] Materialien zur Raumentwicklung. Heft 47. Laufende Raumbeobachtung. Aktuelle Daten zur Entwicklung der Städte, Kreise und Gemeinden 1989/90; Bundesforschungsanstalt für Landeskunde und Raumordnung (Hrsg.), Bonn 1992; Materialien zur Raumentwicklung. H. 56. Die Entwicklungsphasen der Städte und Regionen in der Bundesrepublik Deutschland (alter Länder) im Spiegel der Volkszählungen. Bundesforschungsanstalt für Landeskunde und Raumordnung (Hrsg.), Bonn 1993; Materialien zur Raumentwicklung, Heft 58. Entwicklungsperspektiven für Stadtregionen. Bundesforschungsanstalt für Landeskunde und Raumordnung (Hrsg.), Bonn 1993

[8] Erstes Landesraumordnungsprogramm Mecklenburg-Vorpommern. Der Wirtschaftsminister des Landes Mecklenburg-Vorpommern, Landesbehörde - 30. Juli 1993

[9] Breitzmann, K.-H./Obenaus, H.: Wechselwirkungen von raumwirtschaftlich wichtigen Planungsfällen und Verkehr am Beispiel des Flächenlandes Mecklenburg-Vorpommern. In: Rostocker

Tabelle 2
Bevölkerungsentwicklung im Ordnungsraum Rostock 1990 bis 1993

	Zugezogene	Wegge-zogene	Wanderungs-gewinn bzw. -verlust	Überschuß der Geborenen bzw. Gestorbenen	Gesamt-einwohner
Hansestadt Rostock					
1990	5.490	11.182	- 5.692	639	248.088
1991	4.929	7.871	- 2.942	- 694	244.452
1992	5.692	8.087	- 2.395	- 951	241.106
1993	5.475	8.296	- 2.821	- 978	237.307
Umland von Rostock					
1990	2.532	3.681	- 1.149	65	68.925
1991	2.277	2.932	- 655	- 256	67.958
1992	2.914	2.689	255	- 322	67.818
1993	3.672	3.007	655	- 371	68.551
Ordnungsraum Rostock gesamt					
1990	8.022	14.863	- 6.841	704	317.013
1991	7.206	10.803	- 3.597	- 950	312.410
1992	8.606	10.776	- 2.170	- 1.273	308.924
1993	9.147	11.303	- 2.156	- 1.349	305.858

Quelle: Zusammengestellt nach: Statistische Berichte; Bevölkerungsentwicklung in den Kreisen und Gemeinden in Mecklenburg-Vorpommern (Faktoren der Bevölkerungsentwicklung) 1990, 1991. Hrsg. Mai 1994; 1992 Hrsg. Februar 1994; 1993 Hrsg. Oktober 1994; Statistisches Landesamt Mecklenburg-Vorpommern, Schwerin

Zum dritten verläuft die Suburbanisierung in der Stadtregion ebenso wie in anderen Gebieten der NBL in anderer Reihenfolge als in den ABL. Hier gehen Ansiedlungen und Umlandwanderungen von Handel und Gewerbe der Bevölkerungs suburbanisierung voraus. In den ABL wurde zuerst Bevölkerungssuburbanisierung wirksam.

In der Stadtregion Rostock wurde eine erste Welle der Suburbanisierung durch Anlage großflächiger Handelseinrichtungen auf der "Grünen Wiese" in stadtnahen

---

Beiträge zur Verkehrswissenschaft und Logistik; Shipping, Ports and Transport in Transition to a Market Economy; Seeschiffahrt, Seehäfen und Verkehr im Prozeß der marktwirtschaftlichen Transformation; Universität Rostock, 1994, S. 27-53 ländlichen Kommunen an Bundesstraßen geprägt. Inzwischen wurden Kapazitätsrückstände zu ABL nicht nur aufgeholt, sondern Überkapazitäten geschaffen. Die Gefahr der Entleerung der Innenstadt und die Existenzbedrohung des noch dort vorhandenen Einzelhandels ist die Folge.

Eine zweite Investitionswelle läuft der ersten parallel und ist durch Errichtung von Gewerbegebieten in stadtrandnahen ländlichen Gemeinden an Bundesstraßen charakterisiert.

Traditionelle Gewerbegebiete in der Kernstadt haben in Folge hoher Sanierungsaufwände und Grundstückspreise keine vergleichbaren Entwicklungschancen.

Eine dritte noch anhaltende Investitionswelle hat infolge einsetzender Bevölkerungssuburbanisierung verstärkt seit 1993/94 mit einer entsprechenden Siedlungsentwicklung im Umland der Kernstadt Rostock begonnen (vgl. Tabelle 2).

Erste Befragungsergebnisse in neuen Wohnsiedlungen des Ordnungsraumes führten u.a. zu dem Ergebnis, daß sich 84% der neuen Bewohner aus der Stadt Rostock angesiedelt haben.[10] Mit Fertigstellung neuer Wohnsiedlungen 1995/96 werden Umlandgemeinden der Stadt weitere sprunghafte Bevölkerungszunahmen erwarten lassen. Zunahmen des Wohnungsbestandes zum Bestand von 1992 um mehr als 300% wird besonders in stadtnahen Gemeinden keine Seltenheit bleiben.

Die bislang abgelaufenen Prozesse der Suburbanisierung in Stadtregionen ostdeutscher Verdichtungsräume haben zu Lokalisationsformen geführt, die unterschiedliche Typen der Häufung von Wohn-, Arbeits- und/oder Versorgungsstandorten zur Folge hatten. Als solche Lokalisationsformen lassen sich disperse, bandförmige, punktuelle, flächig verdichtete Formen (vor allem in Randbereichen zur Kernstadt) unterscheiden.

Bisherige Ergebnisse der Suburbansierung der Rostocker Stadtregion belegen, daß eine flächige Verdichtung im unmittelbaren Umland vorherrscht. Dies ist ein ca. 3 km breiter Raum, der sich außerhalb der Stadtgrenze erstreckt und deutlich intensivere wechselseitige funktionale Verflechtungen mit der Kernstadt aufweist als stadtfernere Gebiete. Die Herausbildung eines derartigen suburbanen Ringes widerspricht allerdings den raumordnerisch gewollten Siedlungsachsen insofern, als auch in den Achsenzwischenräumen neue Siedlungen entstanden sind. In stadtferneren Gebieten ist dagegen eine stärkere Bindung suburbaner Prozesse an vorgegebenen Siedlungsachsen sichtbar, wie sie von der regionalen Raumordnung und Landesplanung in ihrem erst 1994 bestätigten Programm angestrebt werden.

---

[10] Befragung zum Verkehrsverhalten der Bewohner neuer Wohnsiedlungen im Ordnungsraum Rostock, Universität Rostock, Institut für Verkehr und Logistik, Rostock Oktober 1994 (unveröffentlicht)

4. Verkehrliche Konsequenzen der Suburbanisierung

4.1 Wandlungen in der Verkehrsmittelwahl und Ursachen

Mit den Suburbanisierungsprozessen in der Stadtregion sind verkehrliche Konsequenzen verbunden, die einerseits auf den tiefgreifenden Veränderungen im Verkehr Ostdeutschlands und in Mecklenburg-Vorpommern beruhen.

Andererseits sind dies Konsequenzen, die im Zusammenhang mit den abgelaufenen Suburbanisierungsprozessen und den Zielstellungen der Raumordnung und Landesplanung stehen.

Die rasche Zunahme der Pkw-Ausstattung, die von 1990 bis 1994 in Ostdeutschland[11] und auch in Mecklenburg-Vorpommern (vgl. Tabelle 3) wirksam wurde,[12] hat den Durchschnittswert der Europäischen Union bereits erreicht.

Tabelle 3
PKW-Ausstattung in Mecklenburg-Vorpommern im Vergleich zu alten Bundesländern

Jahr	Mecklenburg-Vorpommern		Alte Bundesländer	
	Pkw-Zahl (in Mio)	Pkw je 1000 Einwohner	Pkw-Zahl (in Mio)	Pkw je 1000 Einwohner
1989	0,43	220	29,8	475
1994	0,75	408	33,1	503

Quelle: Statistisches Jahrbuch 1994 für Mecklenburg-Vorpommern; Verkehr in Zahlen 1994

Die Anzahl der beförderten Personen im öffentlichen Personenahverkehr war 1993 gegenüber 1989 auf die Hälfte gesunken, wenngleich 1993 erstmals wieder ein leichter Anstieg zu vermerken war[13].

Mit dieser Entwicklung lief ein Verkehrsverhalten einher, wie es sich in den ABL seit längerer Zeit herausgebildet hat. Dies widerspiegelt sich in der Verkehrs-

---

[11] Verkehr in Zahlen 1994; Bundesminister für Verkehr, Bonn 1994

[12] Statistisches Jahrbuch 1994 für Mecklenburg-Vorpommern. Statistisches Landesamt Mecklenburg-Vorpommern, Schwerin 1995

Verkehr in Mecklenburg-Vorpommern. Grundlagen und Perspektiven, Wirtschaftsminister des Landes Mecklenburg-Vorpommern, Schwerin 1994

[13] 1989 ca. 313 Mio 1991 ca. 171 Mio 1993 ca. 157 Mio
1990 ca. 258 Mio 1992 ca. 149 Mio

mittelwahl am Beispiel der Kernstädte und Umländer von Rostock und Hamburg in charakteristischer Weise (vgl. Tabelle 4).

Tabelle 4
Verkehrsmittelwahl in Rostock und Hamburg (in %)

Verkehrsmittel	Stadt Rostock 1992	Umland Rostock 1992	Stadt Hamburg 1992	Umland Hamburg 1992
Pkw	56,9	70,9	56,4	67,5
- als Fahrer	40,0	49,1	43,6	54,2
- als Mitfahrer	16,9	21,8	12,8	13,3
ÖPNV	27,7	5,5	26,9	10,8
Fahrrad	13,8	20,0	15,4	20,5
Motorrad	1,6	3,6	1,3	1,2

Quelle: Berechnet nach Socialdata-Institut für Verkehrs- und Infrastrukturforschung GmbH: Mobilität in Rostock, Bd. 1 Verhalten, München 1993

Auffallend niedrig ist der ÖPNV-Anteil im Umland von Rostock, hoch dagegen der Pkw-Anteil. Dies geht wesentlich auf die Wechselwirkungen von Suburbanisierung und Verkehr zurück, die u.a. in folgenden Ergebnissen begründet liegen:

(1) Die Mehrheit suburbaner Investitionsaktivitäten (großflächige Einzelhandelseinrichtungen, neue Gewerbegebiete, Hotels) wurden an den gleichen verkehrsbedeutsamen Bundesfernstraßen errichtet.

(2) Alle Konzepte dieser neuen Objekte gingen vom Individual- bzw. Kraftverkehr aus. Auf Standorte in Nähe von Bahnhöfen und Eisenbahnstrecken war bei Baubestätigungen kein Wert gelegt worden, obwohl die Zielstellungen der Regionalbahnentwicklungen nicht unbekannt waren. Einige Standorte neuer Wohnsiedlungen sind hier nur zufällig als Folge von Initiativen von Gemeinden bei Wohnflächenausweisungen bzw. bei der Aufstellung von Bebauungsplänen zustandegekommen.

(3) Quantitativ induzieren die großflächigen Einzelhandelseinrichtungen an der Stadtaußengrenze den meisten Verkehr. Gebührenfreie Parkplätze und Konzepte der Erreichbarkeit durch ausschließlichen Pkw-Verkehr haben dazu geführt, daß die zuvor bereits belasteten Bundesstraßen durch Überlagerung verkehrlicher Wirkungen aller neuen Investitionsobjekte Verkehrsüberlastungen und chaotische Verkehrsverhältnisse zur Folge hatten. Verstärkt wurde dies durch eine Vielzahl von Ampeln, die die Durchlaßfähigkeit der Straßen auf ein uner-

trägliches Maß reduzieren. Durchschnittsgeschwindigkeiten von 12 - 17 km/h für Pkw und Rückstaus vom Umland bis zur Kernstadt haben Rückwirkungen auf die Wirtschaft der Stadtregion zur Folge, die für viele Mittel- und Kleinunternehmen existenzbedrohend sind und die Lebensqualität wesentlich einschränken.

(4) Investoren orientierten ihre Standortpolitik auf Nutzung überregional bedeutsame Straßen. Konsequenzen für Netzbelastungen wurden nicht berücksichtigt. Zu erwartende Verkehrsengpässe waren von Investoren und Verursachern nicht beachtet worden, da keine finanziellen Konsequenzen zu erwarten waren. Es ist dabei nicht auszuschließen, daß die Verursacher durch Schaffung von Standorttatsachen auf Konsequenzen erforderlicher Verkehrserschließungen spekulierten. Die Planungsinstitutionen haben notwendigen Erfordernissen der Durchmischung von Funktionen des Wohnens, Arbeitens, Einkaufens und Erholens aus raumordnerischer Sicht in dem abgelaufenen Suburbanisierungsprozeß nicht die notwendige Aufmerksamkeit gewidmet.

4.2 Verkehrliche Konsequenzen am Beispiel neuer Wohngebiete in der Stadtregion

Ergebnisse einer ersten Befragung in neuen Wohngebieten des Stadtumlandes durch das IVL-Rostock[14] hat ergeben, daß die Arbeitsorte der neuen Einwohner zu 83% in der Kernstadt Rostock liegen. Zwischen Wohnsiedlungen und Arbeitsorten in der Kernstadt werden 82% der Wege mit Pkw zurückgelegt. MIV der Berufstätigen belastet die Zugangswege zur Kernstadt morgens stadteinwärts und abends stadtauswärts. Nur etwa 12% aller Wege vom Wohn- zum Arbeitsort werden unter Nutzung des ÖPNV abgewickelt.

Der Anteil des MIV am regelmäßigen Einkauf ist mit 92% aller Wege noch höher als bei Wegen zwischen Wohn- und Arbeitsort. Die neuen Wohnsiedlungen besitzen in den meisten Fällen keine Einkaufseinrichtungen. Bevorzugt werden die an der Stadtaußenkante entstandenen großflächigen Einzelhandelszentren infolge eines großzügen Parkplatzangebotes und gewährter Preisvorteile aufgesucht.

Umfangreich ist der Schülerverkehr zwischen den neuen Wohnsiedlungen und den bereits vor Wegzug aus der Stadt genutzten Schulen in der Kernstadt. Nur 15% der Schüler des Rostocker Umlandes besuchen Schulen in den eigenen Wohngemeinden, 67% dagegen in Rostock und 18% in anderen Orten. Als Verkehrsträger wird mit 33% der ÖPNV vorrangig genutzt, gefolgt vom Pkw mit 23%. Die ausschließlich als Schülerverkehr organisierten Fahrten umfassen dagegen nur 14%.

Bei der Freizeitgestaltung ist der Pkw mit 64% anteilig hoch, obwohl daneben das Fahrrad eine wichtige Rolle spielt.

---

[14] Institut für Verkehr und Logistik, Wirtschafts- und Sozialwissenschaftliche Fakultät der Universität Rostock

Bei diesen Ergebnissen ist es nicht verwunderlich, daß die Fahrzeugausstattung der Haushalte mit 1,7 Pkw in den neuen Umlandsiedlungen sehr hoch ist und weit über dem Landesdurchschnitt liegt.

5. Konsequenzen für künftige Prozesse der Suburbansierung und Verkehr

Im Gegensatz zu Suburbansierungsprozessen auf dem gewerblichen Sektor, die weit fortgeschritten sind, ist nach einer ersten laufenden Welle der Bevölkerungs- und Siedlungsurbanisierung eine zweite derartige Welle nach 2000 zu erwarten. Für den Prognosezeitraum bis zum Jahre 2005 wird mit einer Abwanderung von 16.000 - 40.000 Einwohnern im Umland gerechnet, was etwa einer Anzahl Wohnungseinheiten von ca. 8.300 bis 21.000 gleichkommt.

Bebauungsplanung und prognostischer Wohnungsbedarf im Ordnungsraum Rostock lassen erkennen, daß noch Freiräume für eine Steuerung der Suburbanisierung aus der Sicht der Raumordnung und des Verkehrs möglich sind (vgl. Tabelle 5).

Diese Steuerung scheint aus verkehrspolitischer und raumordnungspolitischer Sicht dringend geboten, zumal Reduzierung des ÖPNV und Ausweitung des Individualverkehrs im Widerspruch zu erklärten Zielen und verkehrspolitischen Leitlinien des Landes Mecklenburg-Vorpommern[15] und des ersten Landesraumordnungsprogrammes[16] stehen, die im ÖPNV eine vollwertige Alternative zum Individualverkehr anstreben.

In diesem Sinne lassen sich einige Schlußfolgerungen ableiten:

(1) Bei der Flächenausweisung neuer Wohnstandorte bieten sich Möglichkeiten an, der Konzeption der Siedlungsachsen unter Verkehrsaspekt zu entsprechen, indem insbesondere Standorte an Strecken des schienen gebundenen Verkehrs vorrangig genutzt werden.

(2) Neue Wohnstandorte in Nähe von Gewerbe- und Sondergebieten mit dem Ziel stärkerer Integration anzulegen, würde einer notwendigen Reduzierung von Verkehr zwischen Wohn-, Arbeits-, Einkaufsstätten entgegenkommen.

(3) Unter den Bedingungen zunehmender Verödung und Entleerung der Kernstadt von Einzelhandelseinrichtungen und der kaum noch zu beherrschenden MIV'e zwischen Stadt und Umland scheint es dringend an der Zeit zu sein, das Interesse der Kommunen und Investoren stärker dahingehend zu entwickeln, nur ÖPNV-freundliche Standorte auszuweisen. Kommunen und Investoren sollten

---

[15] "Der öffentliche Personennahverkehr soll zu einer attraktiven Alternative insbesondere zum motorisierten Invividualverkehr ausgebaut werden" (vgl. Lit. 18)

[16] „Der öffentliche Personennahverkehr soll im ganzen Land als eine vollwertige Alternative zum Individualverkehr ausgebaut bzw. zu einer solchen entwickelt werden" (vgl. Lit. 5)

in diesem Sinne viel stärker veranlaßt werden, sich an finanziellen Aufwendungen zu beteiligen, die als Folge ihrer Planungen notwendig werden.

Tabelle 5
Bestand und Planung der Wohnbebauung im Ordnungsraum Rostock (August 1994)

	WE Bestand 31.12.1992[1]		Wohnungsbauplanung 1994[2]		Prognostizierter Wohnungsbedarf 2005	
Regionale Einheit	WE	Anteil %	WE	Anteil %	WE von ... bis	Anteil %
Ordnungsraum Rostock gesamt	127.850	100	11.680	100	20.300 - 33.000	100
darunter: Hansestadt Rostock	101.510	79,4	3.045	26,1	ca. 12.000	59,1 - 36,4
Umland	26.340	20,6	8.635	73,9	8.300 - 21.000	40,9 - 63,6

1) Quelle: Amt für Raumordnung und Landesplanung Rostock, September 1994
2) Nach Unterlagen des Amtes für Raumordnung und Landesplanung Rostock, Abt. Bauleitplanung zusammengestellt; bestätigte Vorhaben
3) Wohnungsbau 2005 in der Region Rostock, Axiom Berlin GmbH. Unternehmens- und Reginonalberatung; Berlin, April 1994

(4) Zwingend notwendig erweist sich eine stärkere Zusammenarbeit zwischen Kernstadt-Umlandgemeinden sowie von Nachbargemeinden, um Wirkungsbereiche von Verkehrslösungen nicht an Gemeindegrenzen enden zu lassen. Hier sind Zusammenarbeit in Zweckverbänden und u.a. Kooperationsformen bei der Gestaltung von ÖPNV-Systemen gefragt.

(5) Durch besseres ÖPNV-Angebot, das gebündelte Verkehrsnachfrage, aber auch attraktive Preisgestaltung voraussetzt, sind Einflüsse auf eine stärkere Sensibilisierung der Verkehrsprobleme bei den Pkw-Nutzern möglich. Das bedingt aber flexibles Reagieren des ÖPNV auf Wünsche der Nachfrager. Eine derartige Zielstellung in einem vergleichsweise dünn besiedelten Stadt-Umland setzt allerdings der ökonomischen Effizienz des ÖPNV Grenzen.

(6) Lösungsansätze bieten Organisationsformen auf der Basis von Kooperation zwischen Bahn und Busverkehr.[17] Gemeinsame Produkt- und Preisgestaltungen

[17] Kutter, E.: Eine Rettung des Lebensraumes Stadt ist nur mit verkehrsintegrierender Planung möglich. In: Informationen zur Raumentwicklung. H. 5/6, S. 282 - 294, Bonn 1993

sowie ein gemeinsames Marketing sind im Rostocker Umland in Anbetracht zahlreicher Parallelverkehre und eines geringen Personenaufkommens sowie von Verkehrsdefiziten (z.B. fehlende Buszubringerverkehre zu Regionalbahnen) zweckmäßig.

(7) Schließlich sollten Erfahrungen alter Bundesländer bei der Gestaltung flexibler Bedienformen durch Einsatz kleiner Fahrzeuge in Siedlungen des ländlich strukturierten Umlandes der Kernstädte genutzt werden.

Der rasch fortschreitende Prozeß der Suburbanisierung wird auch in den kommenden Jahren hohe Anforderungen an ein effektives Zusammenwirken von Raumordnung, Verkehr, Kommunen und Ansiedler im Umland stellen, um erkannte Aufgaben und Ziele aller Beteiligten einer Lösung näherzubringen.

Martin Bütow

AKTUELLE BEDEUTUNG UND PROBLEME DES TOURISMUS IN MECKLENBURG-VORPOMMERN

1. Grundzüge der Tourismusentwicklung in Mecklenburg und Vorpommern Ein Exkurs in die Vergangenheit

Als Beginn der "offiziellen" Geschichte des Fremdenverkehrs in Mecklenburg gilt bekanntermaßen die Gründung des Seebades Heiligendamm (1793), des ersten Seebades in Deutschland überhaupt. Sicherlich gab es auch in den Jahrzehnten und Jahrhunderten davor touristische Aktivitäten - von religiösen Pilgerwanderungen über kulturelle Bildungsreisen bis hin zu quasi geschäftstouristischen Unternehmungen, jedoch tritt mit diesem Datum eine neue Qualität auf den Plan: der Fremdenverkehr/Tourismus wird landschafts- und raumgestaltend. Erstmals an der deutschen Küste werden für die Erholung des Menschen spezielle Einrichtungen oder sogar Siedlungen geschaffen. Die Neuanlage (z.B. Heiligendamm, Putbus) oder die Überprägung (z.B. Saßnitz/Crampas, Ahlbeck) von Orten führt aber nicht nur zur Veränderung der jeweiligen Siedlungsstruktur, auch die sozialen Verhältnisse in den Orten wandeln sich. Fischer- und Bauernfamilien werden zu "Dienstleistern", zunächst im Nebenerwerb, später oft im Haupterwerb.

Seinen ersten Höhepunkt sozio-ökonomischer und raumprägender Bedeutung erlebt der Tourismus am Ende des 19. Jhs. Ein wesentlicher Motor dafür ist die deutlich verbesserte Erreichbarkeit der Küste durch den Ausbau des Eisenbahnnetzes. Von besonderer Bedeutung sind z.B. die (Schnell)Verbindungen Berlin - Stettin - Swinemünde - Heringsdorf, aber auch die zahlreichen Kleinbahnen, von denen heute nur noch zwei in Betrieb sind: der Rasende Roland auf Rügen zwischen Putbus und Göhren und der/die Molli zwischen Bad Doberan und Kühlungsborn. Parallel zu dieser "landseitigen" Entwicklung etabliert sich ein Schiffsverkehr zwischen den größeren Städten und den Bädern (v.a. nach Rügen) bzw. zwischen den Badeorten. Vor allem in Südost-Rügen, auf Usedom/Wollin und an der mecklenburgischen Küste herrscht reger Baubetrieb, der in den eher beschaulichen und rückständigen Fischerdörfern gänzlich neue, moderne Infrastruktur hervorbringt: Hotels und Pensionen, Geschäfte und Restaurants, Seebrücken und Kurparks. Zu den schon seit der Mitte des Jahrhunderts bekannten Orten (z.B. Koserow, Zinnowitz, Ahlbeck) gesellen sich mehr und mehr "Neuentdeckungen" wie Binz, Prerow oder Warnemünde.

Vor dem ersten Weltkrieg reihen sich die Erholungsorte an der deutschen Ostseeküste wie eine Perlenkette von Lübeck bis Danzig - in unserem Raum mit dem Schwerpunkt Usedom/Wollin. Die räumliche Grundstruktur (Siedlungsnetz, Verkehrsnetz) der touristischen Küstenennutzung, wie sie sich heute darstellt, entstammt im wesentlichen dieser Epoche, spätere Beeinflussungen/Veränderungen sind oft nicht von Dauer.

Auch der Einzugsbereich der Gäste hat sich seit dieser Zeit nur politisch bedingt verschoben. Hauptquellgebiet ist vor dem Krieg das damalige Mitteldeutschland mit den Räumen Berlin/Brandenburg und Sachsen/Sachsen-Anhalt. Mit größerem Abstand folgen Pommern, Schlesien und Hamburg, vereinzelt finden sich auch Gäste aus Ostpreußen, dem Rheinland und sogar schon aus dem Ausland.

Im Binnenland, im Bereich der größeren Seen, entwickelt sich zu dieser Zeit ebenfalls eine touristisch orientierte Nutzung, jedoch führt der Sommerfrischen- und Kurverkehr nur lokal zu sicht- bzw. spürbaren strukturellen Veränderungen (z.B. Bad Kleinen/Schwerin, Bad Stuer oder im "Ausflugsbereich" von Berlin, etwa um Rheinsberg).

In der Zwischenkriegszeit verändern sich sowohl die am Fremdenverkehr beteiligten Gruppen als auch deren touristische Verhaltensweisen. Die Erholung verlagert sich mehr und mehr an die offenen Sandstrände, wovon insbesondere bisher noch nicht so stark geprägte Orte profitieren. 1938 machen fast eine halbe Million Gäste Urlaub an der mecklenburgisch-vorpommerschen Ostseeküste Urlaub. In den bekanntesten und am besten erreichbaren Erholungszielen an der Ostseeküste werden bereits erste Ansätze eines "Massentourismus" deutlich. Mit der staatlichen Subventionierung eines "Sozialtourismus" 'n der NS-Zeit erreicht dieser Trend seinen (vorläufigen) Höhepunkt. Ein noch heute sichtbarer Beweis der landschafts- und raumprägenden Kraft dieser Entwicklung ist das "Seebad der 20.000" in Prora auf Rügen, ein Erholungskomplex der Organisation "Kraft durch Freude" mit einer geplanten Bettenkapazität von 20.000. Durch den 2. Weltkrieg „nur" zu etwa 2/3 fertiggestellt, zeugt dieser Koloß noch heute von der Gigantomanie des NS-Reichs, kann zugleich aber auch als gedanklicher, struktureller/funktionaler und sogar architektonischer Vorläufer der "modernen" Bettenburgen der 60er, 70er und frühen 80er Jahre gelten.

Die vorrangig ländliche Struktur des mecklenburgisch-vorpommerschen Raums, aus der auch die wenigen größeren Städte kaum herausfielen, begründet die vergleichsweise geringe Rolle der Naherholung als raumrelevante Einflußgröße. Lediglich durch die Berliner, Stettiner und z.T die Rostocker Bevölkerung ergaben sich nennenswerte Ausflugspendlerströme, die in der Regel aber auf vorhandene "normale" touristische Ziele orientiert waren.

Nach der Gründung der DDR begann der Aufbau eines staatlich/gewerkschaftlich gelenkten Erholungswesens mit vorrangig sozialpolitischer Orientierung. Die Betrachtung der Erholung als soziale Funktion hatte zur Folge, daß die touristischen Aktivitäten, ihre Voraussetzungen und ihre Wirkungen nicht als "Wirtschaftszweig" betrachtet wurden. Entsprechend niedrig war auch ihr Stellenwert im Bereich der räumlichen Planung (Territorialplanung), was jedoch im krassen Mißverhältnis zur Realität stand. Durch die relative Abschottung der DDR bzw. des "sozialistischen Lagers" konzentrierte sich die Befriedigung von Erholungsbedürfnissen auf das jeweilige Inland, in der DDR vorrangig auf die Ostseeküste, dort noch verstärkt durch Touristen aus der Tschechoslowakei und Ungarn. Der entstehende - und staatlich geförderte - Massentourismus wirkte nun in erheblichem Maße regional struktur- und raumprägend, nicht nur wie bisher an der Küste[1], sondern jetzt verstärkt auch im Binnenland[2]. Hier entstanden gezielt Großstandorte des Tourismus wie Klink oder Templin, aber auch Campingplätze und Freizeithaussiedlungen veränderten Landschaftsbild und Siedlungsstruktur. Bei dieser massiven Entwicklung stand jedoch die quantitave Absicherung des wachsenden Bedarfs im Vordergrund. Das geringe verfügbare Kapital wurde vorranig zur Erweiterung der Beherbergungskapazitäten eingesetzt, notwendige qualitative Verbesserungen an diesen bzw. im infrastrukturellen Bereich standen dagegen hintenan. Damit stand zwar am Ende der DDR-Ära ein zahlenmäßig erhebliches Potential an Übernachtungskapazitäten zur Verfügung (in MV = Bezirke Schwerin, Neubrandenburg, Rostock: ca. 400.000 Betten mit ca. 37 Mio. Übernachtungen - je etwa 40% des DDR-Gesamtvolumens), das aber - bis auf Ausnahmen - weder in seiner qualitativen Ausstattung noch in seinen Organisations- und Vermarktungsstrukturen den neuen Anforderungen standhalten konnte.[3]

2. Probleme der Transformationsphase

Ein Wirtschaftsbereich im Umbruch

Daß tiefgreifende Veränderungen im touristischen System Ostdeutschlands notwendig seien würden, um in eine wettbewerbsfähige Situation zu kommen, war jedem klar, der sich auch nur ein wenig mit den Unterschieden zwischen Erholungswesen "Ost" und Tourismus "West" auskannte. Auch daß im Osten die große

---

[1] Vgl. Bütow,, M.: Zur Raumwirksamkeit von Erholung und Tourismus im mecklenburgisch-vorpommerschen Küstenbereich vor 1990. - In: Komplexe Entwicklung von Küsten- und Agrargebieten. Greifswald, 1992. S.99-111. (Greifswalder Geographische Arbeiten ; 9).

[2] Vgl. Albrecht, G. u. W. Albrecht: Die Entwicklung der Gebietsfunktion Erholung im Mecklenburger Binnenland von 1945 bis 1989. - In: Komplexe Entwicklung von Küsten- und Agrargebieten. Greifswald, 1992. S.75-85. (Greifswalder Geographische Arbeiten; 9)

[3] Vgl. Albrecht, W. et.al.: Tourismus und Erholungswesen als Entwicklungsfaktoren des Bundeslandes Mecklenburg-Vorpommern. - In: Zeitschrift für Wirtschaftsgeographie. Frankfurt 35(1991)2, S. 94-105.; Benthien, B. u. M. Bütow: Erholung und Tourismus (Kap. 8). - In: Historischer und Geographischer Atlas von Mecklenburg und Pommern. Bd. 1: Mecklenburg-Vorpommern. Das Land im Überblick. - Hg.: Landeszentrale für Politische Bildung. - Schwerin 1995. S.82-90; Breuste, I.: Die Entwicklung des Erholungswesens an der Ostseeküste Mecklenburg-Vorpommerns. - In: Komplexe Entwicklung von Küsten- und Agrargebieten. Greifswald, 1992. S.86-98. (Greifswalder Geographische Arbeiten ; 9).

Chance bestand, nicht alle Fehler der touristischen Boom-Zeit im Westen zu wiederholen, schien einleuchtend und allgemeiner Konsens zu sein. Dennoch verlief der Umstrukturierungsprozeß im wesentlichen nach dem Anpassungsprinzip, d.h. es wurden etablierte, bisher bewährte bzw. einfach nur eingefahrene Konzepte, Strukturen und Mechanismen - mehr oder weniger spezifisch angepaßt - übernommen. Nahezu völlig übersehen wurde dabei, daß sich der Tourismus im Osten nicht nur unseres Landes eigentlich mitten in einer dreifachen Umbruchsituation befindet:

1. Die ökonomisch notwendige Umstrukturierung vom sozialpolitisch gesteuerten Erholungswesen zum marktwirtschaftlichen Tourismusgewerbe (Fremdenverkehr) aufgrund der gesellschaftlichen Veränderungen in Deutschland und Europa führt zu einem sozioökonomischen und strukturellen Transformationsprozeß, der ihn in eine vorher nicht gekannte Konkurrenzsituation bringt und daher strategisches Marketing erfordert. Marketing, d.h. das zielgerichtete, auf den Markt orientierte Agieren einzelner Betriebe war aber im sozialistischen Wirtschaftssystem quasi unbekannt bzw. lief auf einer völlig anderen Ebene. Erst recht das sozialpolitisch ausgerichtete Erholungswesen verfügte über keinerlei Erfahrung im markt- bzw. kundenorientierten Handeln. Dazu kamen bzw. kommen eine Reihe anderer Probleme[4] wie Kapital- und Eigentumssituation, Rechtsunsicherheit/neue Gesetzgebung, politischer, Zeit- und Erwartungsdruck, Image ..., die die Umgestaltung im Tourismus in unterschiedlich starkem Maße beeinflussen.

Dieser "normale", in den allgemein ostdeutschen Eingliederungsprozeß eingebette Bereich des touristischen Umbruchs ist der, der im allgemeinen am deutlichsten - und oft auch als einziger relevanter - gesehen und dokumentiert wird.[5]

Oft übersehen - sowohl in der externen als auch in der internen Diskussion - wird ein zweiter Bereich des Umbruchs:

Die (spezifischen) Änderungen im touristischen Verhalten aufgrund des Wegfalls der "künstlichen" Nachfrage in sozialistischer Zeit, des Nachlassens von Neugier- und Nostalgietourismus der (Nach-)Wendezeit und des zu erwartenden Rückgangs von Geschäftstourismus erfordern - über die betriebsstrukturelle Ebene hinaus - eben auch eine inhaltliche Umorientierung. Es muß ein Produkt "MV" (oder "Region" oder "Ort") entwickelt und an den Kunden gebracht werden, das nicht nur den aktuellen, sondern vor allem den künftigen Erwartungshaltungen der Reisenden entspricht.

---

[4] Bütow, M.: Tourismusplanung in den neuen Bundesländern : Erfahrungen, Barrieren, Perspektiven. Dargestellt am Beispiel von Mecklenburg-Vorpommern. - In: Mecklenburg-Vorpommern : Tourismus im Aufwind. - Greifswald, 1993. S.14-29. (Greifswalder Beiträge zur Rekreationsgeographie/Freizeit- und Tourismusforschung ; 4).

[5] Köhn, J.: Tourismus und Gastgewerbe (Kap. 8). - In: Bandelin, J; Braun, G. (Hg.): Mecklenburg-Vorpommern im Prozeß der marktwirtschaftlichen Strukturanpassung. - Marburg: Metropolis, 1994. S.113-125. Standortatlas Mecklenburg-Vorpommern. - Hg.: Nord/LB. Hannover, 1995.

Und hier setzt bereits der dritte - und in der Regel fast nie bewußt berücksichtigte - Bereich des Umbruchs an.

3. Der soziale und ökonomische Wertewandel in den Köpfen der Menschen aufgrund gesellschaftlicher Veränderungen in Deutschland, in Europa und in der Welt führt zu einem Paradigmenwechsel, der generelle Änderungen im (touristischen) Verhalten von Konsumenten (Urlaubern...) und Produzenten (Anbietern...) hervorruft und so die bloße Übernahme bisheriger westdeutscher oder westeuropäischer Konzepte eigentlich unmöglich macht.
   In der Tourismuskritik, in der (kritischen) Tourismuswissenschaft und z.T. bereits auch in der Branche selbst wird dieser veränderte Ansatz sichtbar in der Abkehr von der einseitigen und teilweise romantisierten Forderung nach einem "sanften" Tourismus hin zur Suche nach Konzepten der nachhaltigen, "zukunftsverantwortlichen" Entwicklung (sustainable development) im - bzw. regional gesehen - mit oder sogar durch Tourismus. Neben kurz- und mittelfristigen ökologischen und sozialen Gesichtspunkten spielt zunehmend auch die langfristige, auch ökonomische, Sichtweise, die Verantwortung der heutigen Generationen für die folgenden, eine Rolle.

Etwa zeitlich parallel zur Umstrukturierung in Ostdeutschland wurde ein Umdenken in der westeuropäischen Tourismuswirtschaft, zunächst in einigen Hochburgen wie Spanien (Mallorca) und Österreich (Tirol, Kärnten) bzw. bei großen Reiseveranstaltern (TUI), allmählich aber auch bei den inländischen Touristikern und Tourismuspolitikern sichtbar. Es wird zunehmend lauter über neue Strukturen, neue Inhalte und auch neue Verantwortungen im Tourismus nachgedacht - und es wird bereits geändert.

Aus diesem sich verändernden tourismuspolitischen und tourismuswirtschaftlichen Denken und Handeln resultiert nun einerseits die große Gefahr, daß sich der Tourismus in Ostdeutschland an im Prinzip schon überholte Ideen und Strukturen anpaßt. Andererseits bietet sich die Chance, nicht aufs letzte Trittbrett, sondern sogar gleich auf den Triebwagen des fahrenden Zuges aufzuspringen. (Paradoxerweise könnte so in der Marktwirtschaft Walter Ulbrichts planwirtschaftliche Devise vom „Überholen ohne Einzuholen" zu verspätetem Wahrheitsgehalt kommen.)

Der Grat zwischen scheinbar sicherer, aber überholter Vergangenheit und diffuser, unsicherer Zukunftsorientierung ist jedoch sehr schmal. Nicht selten zählen das plastikfreie Frühstück, die wiederverwendeten Handtücher oder die im Preis inbegriffene Fahrradbenutzung schon als (ausreichender) Beweis eines neuen Denkens. Kommen zu diesem aktionistischen Schema der "kleinen Schritte" noch die oben angesprochenen "normalen" Probleme der Umbruchssituation, der tägliche Überlebenskampf, so bleibt den meisten touristischen Betrieben im Osten wenig Zeit und Kraft, sich mit diesem dritten Bereich des touristischen Umbruchs ernsthaft strategisch auseinanderzusetzen.

3. Aktuelle Situation des Tourismus in Mecklenburg-Vorpommern

Ein Standbein oder ein Spielbein?

Glaubt man den Beteuerungen der Politik, so ist der Tourismus einer "der wichtigsten Wirtschaftsfaktoren unseres Landes"[6]. Unser Ministerpräsident hegt sogar den Traum, "nach Bayern das Tourismusland Nr. 2 zu werden"[7]. Dazu werde man "Mecklenburg-Vorpommern kontinuierlich als Ferienland ausbauen und an die Spitze nationaler Urlaubsgebiete heranführen".[8] Im Jahreswirtschaftsbericht Mecklenburg-Vorpommern 1992 - dem ersten der "Neuzeit" - wird der Tourismus als "wichtiges Standbein mit hohem Multiplikatoreffekt" gewürdigt.[9]

Und die Statistik gibt diesen Äußerungen Recht:

- zweistellige Wachstumsraten der Betriebe und Kapazitäten im gewerblichen Bereich seit 1991,
- zweistellige Wachstumsraten der Urlauber- und Übernachtungszahlen seit 1991,
- höhere Beschäftigtenzahlen als in den "traditionellen" Wirtschaftszweigen des Landes (Angaben schwanken, je nach Berechnungsmodus, zwischen 25.000 und 60.000 (!?) Vollzeitarbeitsplätzen; Schiffbau: < 14.000, Landwirtschaft: < 30.000),
- höchster Anteil am Volkseinkommen im Bundesvergleich (ca. 7,3%, BRD: 2,8%).[10]

Doch ein Blick hinter die Kulissen dämpft die mögliche Euphorie:

- extrem niedrige Ausgangsbasis 1990 (quantitativ und qualitativ), damit sind die Wachstumsraten wenig aussagekräftig,

---

[6] 4. Fremdenverkehrstag Mecklenburg-Vorpommern : Wirtschaftsfaktor Tourismus - wie weiter? Berichtsband. - Hg.: Landesfremdenverkehrsverband Mecklenburg-Vorpommern. Rostock, 1995.

[7] ebenda

[8] ebenda

[9] Jahreswirtschaftsbericht Mecklenburg-Vorpommern 1992. - Hg.: Wirtschaftsministerium des Landes Mecklenburg-Vorpommern. - Schwerin, 1992.

[10] DWIF/Deutsches Wirtschaftswissenschaftliches Institut für Fremdenverkehr e.V.: Die wirtschaftliche Bedeutung des Tourismus für Vorpommern. - München, 1995. (unveröff. Studie für den Regionalen Fremdenverkehrsverband Vorpommern). Helfer, M.: Tourismus auf Rügen. - Dissertation. Saarbrücken, 1993. (Arbeiten aus dem Geogr. Inst. d. Univ. des Saarlandes ; 40). Die Richtigkeit der Zahl für MV wird jedoch vom Autor angezweifelt, da zum einen die Ausgangsdaten nicht ausreichend belegt bzw. begründbar sind und da zum anderen für den touristischen Schwerpunktraum Vorpommern nur 6,8% Anteil (also 0,5 Prozentpunkte unter dem Landesschnitt) errechnet werden - trotz erheblicher struktureller Schwäche der übrigen Wirtschaft in dieser Region.

- geringe Wirtschaftskraft/ungünstige Wirtschaftsstruktur des Landes insgesamt, damit liegen die prozentualen Anteile eines schnell wachsenden Wirtschaftszweiges im Gesamtmaßstab deutlich über seiner eigentlichen Wirtschaftskraft,
- sinkende bzw. stagnierende Auslastungen der meisten Beherberbungs- und vieler Gastronomiebetriebe,
- geringes Wachstum/Stagnation der (Voll)Beschäftigtenzahlen,
- starke zeitliche Umsatzschwankungen (Saison- und Wetterabhängigkeit),
- verzögerte Konjunktur-/Rezessionsabhängigkeit,
- hoher Anteil von Teilzeit-/Saisonarbeitskräften,

und nicht zuletzt

- eine starke regionale und sogar lokale räumliche Differenzierung der wirtschaftlichen und sozialstrukturellen Effekte der Branche.

Insbesondere diese räumliche Differenzierung gilt es zu berücksichtigen, wenn man im Lande Mecklenburg-Vorpommern vom Wirtschaftsfaktor Tourismus spricht. Einige Zahlen sollen die starke Ungleichgewichtigkeit, die vor allem zwischen Küste und Binnenland herrscht, belegen:

Bei den Kapazitäten im gewerblichen Beherbergungswesen entfallen nur knapp ein Viertel auf die Binnenland-Kreise, bei den Gästeankünften in dieser Kategorie etwas mehr als ein Viertel, bei den Übernachtungen aber nur ein Fünftel. Die eben getroffenen Aussagen basieren auf den 1994 neu geschaffenen Großkreisen; berücksichtigt man dagegen die alte Kreisstruktur, wird die Konzentration auf den unmittelbaren Küstenstreifen und um die südmecklenburgischen Seen noch deutlicher.

Während die flächenbezogene Verteilung[11] gleichzeitig auch auf die räumlichen Schwerpunkte ökologischer Probleme (Nutzungsintensität) aufmerksam macht, zeigt die einwohnerbezogene Darstellung[12], daß auch im geringer frequentierten Binnenland der Tourismus durchaus eine erhebliche sozio-ökonomische Komponente darstellt bzw. darstellen kann - zumal die statistisch nicht erfaßten Neben- bzw. Zuerwerbsstrukturen (< 9 Betten) noch nicht einmal berücksichtigt werden konnten. Allerdings dominiert auch in dieser Kategorie der Küstenbereich (nach Großkreisen) eindeutig - nach einer (freiwilligen) Sondererhebung 1993: ca. 88% : 12%! So sollte die ökonomische Tragfähigkeit des Tourismus im Binnenland - im Sinne eben eines wirtschaftlichen Standbeines - nicht überschätzt werden. Auch eine massive infrastrukturelle Erschließung wird (vorläufig) nichts daran ändern,

[11] Benthien, B. u. M. Bütow: Erholung und Tourismus (Kap. 8). - In: Historischer und Geographischer Atlas von Mecklenburg und Pommern. Bd. 1: Mecklenburg-Vorpommern. Das Land im Überblick. - Hg.: Landeszentrale für Politische Bildung. - Schwerin 1995. S.89

[12] ebenda, S. 88

daß das mecklenburgisch-vorpommersche Binnenland in seiner allgemeinen touristischen Anziehungskraft deutlich hinter der Küstenregion zurück liegt. Bei konsequenter Umsetzung von spezifischen, d.h. zielgruppenorientierten Konzepten jedoch wird der Tourismus zumindest kleinräumig/standörtlich auch im Binnenland ein ernstzunehmender wirtschaftlicher und damit raumstruktureller Faktor sein (bzw. bleiben) können.

Anders liegt die Situation an der Küste. Hier zählt Tourismus durchaus zu den dominanten Wirtschaftszweigen, nicht zuletzt auch durch die von ihm ausgehenden Sekundär- und Tertiäreffekte (zweite Umsatzstufe, Steuern, Einkommens-/Eigenkapitalsituation etc.). Dennoch ist selbst innerhalb dieser Region wiederum eine deutliche Differenzierung festzustellen, die in zwei Richtungen wirkt:

a) eine rapide, fast sprunghafte Abnahme touristischer Kapazitäten und Aktivitäten vom unmittelbaren Küstensaum (Bädergemeinden) in Richtung Hinterland,

b) ein Übergewicht im vorpommerschen Raum, insbesondere auf Rügen und Usedom, die zusammen bereits 35 -45% der Kapazitäten (je nach einbezogenen Betriebsarten) und der Übernachtungen des Landes auf sich konzentrieren.

Vorpommern soll aufgrund dieser exponierten Stellung auch als Beispiel einer tiefergehend regionalisierten Betrachtung der wirtschaftlichen Bedeutung des Tourismus dienen. Eine Studie des Deutschen Wirtschaftswissenschaftlichen Instituts für Fremdenverkehr[13] im Auftrage des Regionalen Fremdenverkehrsverbandes Vorpommern e.V. kommt zu folgenden Ergebnissen:

Im Landesteil Vorpommern lieferte der Tourismus 1993 rechnerisch einen Beitrag von ca. 6,8% zum Volkseinkommen, wovon etwas mehr als die Hälfte (3,6%) auf den Übernachtungstourismus entfällt, 2,9% auf Tagesausflugsverkehr und 0,3% auf Tagesgeschäftsreisen.

Nimmt man nur den Übernachtungstourismus heraus, der sich aufgrund der vorhandenen Statistiken relativ gut teilräumlich quantifizieren läßt, so werden zwischen den Kreisen der Region erhebliche Unterschiede deutlich. Auf Rügen ist der Stellenwert des Tourismus eindeutig am höchsten, auch im Kreis Ostvorpommern liegt er deutlich über dem Schnitt. Dagegen fällt der Landkreis Uecker-Randow kraß ab, trotz auch sonst schwacher Wirtschaftskraft. Die Stadtkreise liegen etwa im Schnitt bundesdeutscher Städte.

Die Einbeziehung von Schätzungen zum Ausflugsverkehr treiben die Werte noch weiter nach oben (Rügen >11%, Ostvorpommern >7%; Städte >2%), ohne das Gesamtbild jedoch gravierend zu verändern. Sowohl aus der absoluten als auch aus der relativen Stärke des Tourismus in diesen Küstenregionen resultieren aber

[13] DWIF/Deutsches Wirtschaftswissenschaftliches Institut für Fremdenverkehr e.V.: Die wirtschaftliche Bedeutung des Tourismus für Vorpommern. - München, 1995. (unveröff. Studie für den Regionalen Fremdenverkehrsverband Vorpommern). Helfer, M.: Tourismus auf Rügen. - Dissertation. Saarbrücken, 1993. (Arbeiten aus dem Geogr. Inst. d. Univ. des Saarlandes ; 40).

nicht nur positive Effekte wie Beschäftigung, Einkommen, Steuern etc., sondern auch eine Reihe von Problemen.

Zu den am ehesten sichtbaren gehört z.B. das Verkehrsproblem. Die veränderten Rahmenbedingungen der Mobilität (Ausstattung mit Pkw, Wahl der Reisemittel, Ausflugsradius etc.) führen im Zusammenhang mit einer kürzeren Aufenthaltsdauer und einem häufigeren Ortswechsel als früher zu stärkeren Verkehrsströmen zu und in den touristisch attraktiven Gebieten und zu einem bis dato nicht einkalkulierten Bedarf an Platz für den ruhenden Verkehr. So ist das größte Problem der meisten Tourismusorte (und z.T. auch -gebiete) nicht eine zu hohe Zahl an Besuchern - sondern deren Autos. Gravierendstes Beispiel ist der Raum Ost-Usedom mit den Bädern Bansin, Heringsdorf und Ahlbeck sowie dem Grenzübergang nach Polen (Swinemünde). Nicht nur in der Saison (ca. 95% der Urlauber reisen mit dem Auto an), sondern auch an Sonnabenden oder an/vor Feiertagen passieren hier täglich 15 - 20.000 Personen die Grenze (werktags ca. 5.000, 1993 insgesamt 7,4 Mio).[14] Hier überlagern sich Freizeit- und Einkaufsverkehr der einheimischen und der "Urlaubs"bevölkerung. Da die meisten "Grenzgänger" aufgrund der Verkehrserschließung, aber auch aufgrund der Einkaufsabsicht, mit dem Pkw. anreisen, sind kilometerlange Staus, überfüllte Parkplätze und wildes Parken an der Tagesordnung. Zu einem weiteren, z.T. bereits existentiellen Problem insbesondere für lokale Dienstleister und Einzelhändler wächst sich der Mittelabfluß nach Polen durch die dort günstigeren Preise aus.

Ähnliche Verkehrsprobleme wie die eben geschilderten kennen alle Tourismusgebiete, insbesondere natürlich die in Insellage - mit nur ein oder zwei Zugängen (Poel, Fischland-Darß-Zingst, Rügen; Ausnahme: Hiddensee mit genereller Auto-Sperre) -, sowie die touristisch relevanten Städte - allen voran Rostock und Stralsund. Diese Probleme jedoch nur auf den "Fremden-Verkehr" zu schieben, hieße die Situation zu verkennen. Gerade das Beispiel Grenzverkehr auf Usedom belegt den hohen Anteil hausgemachten Verkehrs (76% der Grenzübertritte erfolgen zum Einkauf - in der Regel Einheimische; 24% mit dem Motiv Freizeit/Urlaub).[15] Ob Verkehrsprojekte wie die A 20 hier eine Lösung bringen oder gar die Probleme, die ja meist innerregional sind, eher noch verschärfen, soll an dieser Stelle nicht diskutiert werden. Eher wird an diesen wenigen Beispielen erneut sichtbar, daß ein generelles Umdenken in der Verkehrspolitik dringend notwendig ist.

Vordergründiger Ansatz sollte nicht sein, den Fremdenverkehr an sich zu reduzieren, wie es häufig gefordert wird, sondern vorrangig den Teil "Verkehr" zu verändern - der "Fremde" kann und soll ruhig wie bisher oder gar in noch größerer Zahl kommen. Daß über die mit dem Verkehr verbundenen ökologischen und sozialen Probleme hinaus auch in den Tourismusgebieten Mecklenburg-Vor-

---

[14] Untersuchungen zum deutsch-polnischen Grenzverkehr. - Hg.: Regionaler Planungsverband Vorpommern. Greifswald 1994

[15] Untersuchungen zum deutsch-polnischen Grenzverkehr. - Hg.: Regionaler Planungsverband Vorpommern. Greifswald 1994

pommerns die "üblichen", d.h. die bekannten, durch touristisches Verhalten ausgelösten ökologischen und z.T. auch sozialen Probleme (Flächen- und Ressourcenverbrauch, Landschaftsverbauung, Umweltbelastungen, psycho-soziale Konflikte etc.) auftreten, soll nicht verschwiegen werden.

Während die sozialen Probleme sich, zumindest in gegenwärtigen Zeiten eines erhöhten Drucks auf den Arbeitsmarkt, auf wenige Felder beschränken, sind ökologische Konfliktfelder in Größenordnungen quasi vorprogrammiert. Nicht nur, weil es sich bei touristisch attraktiven Räumen ohnehin sehr oft um ökologisch besonders wertvolle und/oder sensible Naturräume handelt, sondern weil es in Mecklenburg-Vorpommern in deutlich größerem (Flächen)Umfang als sonst in Deutschland ökologische Schutzgebiete betrifft. Dazu zählen nicht nur die drei bekannten Nationalparke, das Biosphärenreservat Südost-Rügen und der Naturpark Schaalsee, die allesamt auch Kerngebiete von Tourismusregionen sind, sondern z.B. auch 15 (!) Vogelschutzgebiete europäischer Kategorie oder 261 Naturschutzgebiete (ca. 3% der Landesfläche).

Ein wichtiges soziales Konfliktfeld soll dennoch kurz angesprochen werden: die drohende (bzw. existierende) reale oder mentale "Verdrängung" Einheimischer. Augenfällig wird dieses Problem vor allem in den Hochburgen des Tourismus. Hier ist der Bedarf an Veränderung, an Investition in Rekonstruktion und Neubau am höchsten, gleichzeitig ist der kommunale und private Spielraum oft sehr gering. Ein Beispiel ist die Wohnnutzung ehemaliger Pensionen in bester Lage. Viele der nach 1945 umgenutzten Beherbergungseinrichtungen müßten, da sie in den letzten Jahrzehnten auf Verschleiß gefahren wurden, gründlich überholt werden. Die Mieter in diesen Häusern sind aber durch den verstärkten - und sozial gerechtfertigten - Mieterschutz nach dem Einigungsvertrag längerfristig geschützt - und alternative Wohnungsangebote, insbesondere aus dem sozialen Wohnungsbau, sind kaum vorhanden. So bleiben die Objekte bewohnt, mögliche Investitionen werden blockiert, die Mieter geraten unter einen psychologischen Druck, der in einigen bekannt gewordenen Fällen sogar durch gezielte Aktionen seitens der Vermieter/Investoren verstärkt wird. Die sozialen Spannungen, die dadurch entstehen, werden oft noch mental durch die Tatsache verschärft, daß es sich - zumindest bei größeren Objekten - in der Regel um "auswärtige" Investoren handelt (auch wenn diese vielleicht die früheren/rechtmäßigen Besitzer sind/waren). Das Ossi - Wessi - Klischee, das Gefühl, vom "reichen" Westen überrollt oder ausgenutzt zu werden, erhält damit nach der weitgehend fruchtlosen Konzeptions- und Beratungswelle der ersten Jahre eine weitere Bestätigung. Hier ist also weniger der westdeutsche Tourist das soziale/sozialpsychologische Problem, als viel mehr der westdeutsche "Touristiker". Die Gefahr ist natürlich latent vorhanden, daß dieses negative Gefühl auf den Touristen verallgemeinert übertragen wird.

Die Lösung solcher und weiterer Probleme erfordert eine klare, strategisch orientierte tourismuspolitische Zielstellung - und vor allem deren konsequente Umsetzung. Hier liegen entscheidende brancheninterne Defizite.

An vorderster Stelle steht eine gewisse Orientierungslosigkeit. Man will Tourismus - aber weiß nicht genau, welchen. Man will ein (anderes, besseres, konkreteres) Image für das touristische Mecklenburg-Vorpommern - aber weiß selbst nicht genau, wie es aussehen soll. Man will möglichst viele Touristen - und läuft Gefahr, sich zu verzetteln, beliebig, austauschbar zu werden.

Am ehesten erfolgt eine strategische Positionierung noch auf betrieblicher und örtlicher Ebene, seltener bzw. weniger deutlich für Regionen, vom Land ganz zu schweigen. Sicher ist es für ein so vielfältig touristisch attraktives Land nicht einfach, alle Interessen unter einen Hut zu bringen, der bisherige gemeinsame Nenner "Wir machen Tourismus" ist aber denn doch wohl zu klein.

Daraus resultiert natürlich eine entsprechende Unklarheit über Ziele und Wege der Tourismusentwicklung. Man spricht zwar davon, daß der Tourismus der Zukunft sanft bzw. umwelt- und sozialverträglich bzw. umwelt- und sozialverantwortlich bzw. intelligent bzw. nachhaltig sein muß, die entsprechenden strategischen Rahmenbedingungen werden aber nicht mit dem entsprechenden Nachdruck geschaffen. Zu stark sind die marktwirtschaftlichen „Überlebensprobleme" der Gegenwart. Visionäre, zukunftsorientierte Angebote können sich in einem solchen Umfeld nur schwer entwickeln.

Sichtbaren Niederschlag findet dieses "Chaos" in den Köpfen in einer strukturelle Zersplitterung, sowohl räumlich (7 Regionalverbände + 4 Städte als Mitglieder im LFV), als auch organisatorisch (Verwaltung [Ämter/Ministerien], FV-Verbände/-Vereine, Fachverbände, Interessengemeinschaften). Doch nicht diese Strukturen selbst sind das eigentliche Problem, sondern die mangelhafte Kooperation bzw. Kommunikation zwischen ihnen. So werden etliche Projekte doppelt gemacht - manche aber auch gar nicht, weil einer alleine zu schwach ist, aber seine (gute) Idee aus Angst vor Konkurrenz zurückhält. Der Mittel- und Personaleinsatz könnte weitaus effektiver geschehen - und man hätte über die Tagesaufgaben hinaus mehr Spielraum für strategische Überlegungen.

Ein weiteres und u.a. mit der strukturellen Zersplitterung zusammenhängendes Problem ist das unzureichende Binnenmarketing. Zu wenig wird mit dem touristischen Anbieter vor Ort gearbeitet, zu stark war in den ersten Jahren die Außenorientierung - natürlich auch im Interesse der Anbieter, aber nur bedingt mit für ihn direkt nachvollziehbaren Effekten. Doch die Werbung von Gästen auf Außenmärkten ist nur die eine Seite der Medaille. Wenn vor Ort die Angebotsgestaltung unzureichend ist, wenn die Gastgeber schlecht auf die Anforderungen ihrer Gäste vorbereitet sind, wenn Preis und Leistung nicht im ansprechenden Verhältnis stehen, so ist hierin eine Schwerpunktaufgabe der touristischen Verbände und Vereine zu sehen. Und dies betrifft nicht nur Information und Hilfestellungen für die Anbieter und deren Personal, sondern auch die Sensibilisierung der "betroffenen" Bevölkerung für ihren Anteil, ihre Rolle im touristischen Geschehen im Ort oder in der Region. Negative Erlebnisse des Gastes zerstören u.U. mehr, als eine ganze Imagekampagne aufbauen kann.

4. Quo vadis Tourismus?

Ein Blick in die Zukunft

Die angesprochenen Probleme enthalten z.T. schon ihre eigenen Lösungen. Oft ist es nicht einmal das Geld, das die Entwicklung hemmt, sondern der fehlende politische Wille zur Durchsetzung möglicherweise zunächst unpopulärer Entscheidungen, oft aber auch eine - in der jetzigen sozialen und ökonomischen Situation durchaus verständliche - individuelle Scheu vor neuen, für den einzelnen evtl. auch belastenden Veränderungen.

Doch dem Touristen, dem Besucher eines Ortes, einer Region, eines Landes sind die internen Probleme und deren Ursachen relativ egal. Er kommt mit bestimmten Ansprüchen, die im Laufe der Zeit variieren, in Abhängigkeit von Alter, Familienstand, Gesundheit, Einkommen, Bildung, aber auch Moden, konjunkturellen Schwankungen, ökologischen Entwicklungen und globalen gesellschaftlichen Trends. Wie also werden die Touristen von morgen sein, welche Veränderungen in den Zielgruppen sind zu erwarten und welche Konsequenzen wird dies für die Tourismusentwicklung in unserem Land erfordern? Hier sind sicher wissenschaftliche Untersuchungen gefordert, aber bestimmte Schwerpunkte der Entwicklung lassen sich heute bereits relativ klar bestimmen. Dazu zählt in unserem Land insbesondere die Sicherung und sogar Aufwertung des natürlichen Potentials. Die relative Naturbelassenheit der Landschaft ist unser Hauptimageträger, jedoch nicht unbedingt die touristische Hauptattraktivität - sonst würden sich nicht die erwähnten räumlichen Unterschiede in der Verteilung der Besucher ergeben. Daher sollte es nicht (nur) die Natur an sich sein, die Mecklenburg-Vorpommern in den Tourismus der Zukunft einbringt, sondern ein generelles ökologisch bewußtes Handeln. Mehr und mehr erwartet der Tourist nicht nur von seinem natürlichen Umfeld eine entsprechende ökologische Qualität, sondern auch von seinem infrastrukturellen Umfeld - auch wenn er selbst sich noch lange nicht so verhält.

Die touristische Entwicklungspolitik muß also ihre Ziele, ihre Standorte und ihre Förderung an den Anforderungen der Zukunft ausrichten, und zunehmend tut sie dies auch. So ist im Augenblick eine Studie in Arbeit, die über Effektivitätsuntersuchungen die Standortentscheidung für Großbäder (Thermen/Spaßbäder ...) objektivieren soll. Verstärkt werden auch die Überlegungen zur Tourismusentwicklung im Grenzraum Deutschland/MV - Polen vor dem Hintergrund der zu erwartenden Osterweiterung der EU.

Und nicht zuletzt wird versucht, auch die internen strukturellen Probleme in den Griff zu bekommen. Ein Ansatz, die Verbände zu mehr Kooperation zu veranlassen, ist die veränderte Förderung von Marketingmaßnahmen, bei der nun Gemeinschaftsaktivitäten der Verbände den Vorrang vor Einzelaktionen haben.

Doch kann es letztlich nicht Strategie sein, nur über das liebe Geld Zweckehen herbeizuführen. Mittelfristig müssen sich die touristischen Strukturen inhaltlich, räumlich und organisatorisch den veränderten und sich verändernden Anforderungen und Rahmenbedingungen anpassen. Nur dann können die auftretenden Probleme im Sinne einer wirklichen Entwicklung - und nicht im Sinne einer Schadensbeseitigung oder -begrenzung - gelöst werden.

Der Tourismus in unserem Land hat Zukunft - aber diese beginnt spätestens heute.

Arend Hübener

AKTUELLE PROBLEME DER RAUMORDNUNG UND LANDESPLANUNG IN MECKLENBURG-VORPOMMERN

Überblick: Stand der Raumordnung und Landesplanung

Zur Einführung ein kurzer Überblick zum derzeitigen Stand: Grundlage der Raumordnung und Landesplanung in diesem Land ist das Gesetz über die Raumordnung und Landesplanung in Mecklenburg-Vorpommern - Landesplanungsgesetz - (LPlG) vom 31. März 1992, gestützt auf die rahmengesetzlichen Regelungen des Raumordnungsgesetze des Bundes (ROG).

Besonders wichtige Leitgedanken der Raumordnung und Landesplanung sind das Offenhalten auch künftiger Gestaltungsmöglichkeiten der Raumnutzung sowie die Schaffung/Sicherung gleichwertiger Lebensbedingungen in den Teilräumen.

Gemäß §1(2) LPlG hat die Raumordnung und Landesplanung die beiden Aufgaben,

- eine übergeordnete, überörtliche und zusammenfassende Planung aufzustellen und fortzuschreiben, ...
- raumbedeutsame Planungen und Maßnahmen der Behörden des Bundes, des Landes, der bundes- und landesunmittelbaren Planungsträger, der Gemeinden und Kreise ..... entsprechend den Erfordernissen einer geordneten räumlichen Entwicklung aufeinander abzustimmen.

Letzteres ist Kern der als Landesentwicklung verstandenen Raumordnung: Es geht um die bestmögliche und zugleich konfliktarme Nutzung und Entwicklung der raum- und standortgebundenen Ressourcen des Landes. Diese wichtige Abstimmung und Entscheidung im Einzelfall braucht aber den programmatischen Rahmen, d.h. den Konsens über wichtige Ziele an denen sich die einzelnen Planungen und Abwägungen orientieren können. Diesen Rahmen bilden die Raumordnungsprogramme.

Das *Erste Landesraumordnungprogramm Mecklenburg-Vorpommern* ist seit Mitte 1993 in Kraft. Damit besteht ein verbindliches Leitbild für die räumliche Entwicklung des gesamten Landes. Wichtige Zielaussagen des Programms sind vor allem die Ausweisungen mit konkretem räumlichen Bezug, wie die Festlegung der Zentralen Orte der ober- und mittelzentralen Ebene sowie die Ausweisung von Eignungsräumen bzw. Vorsorgeräumen und Vorranggebieten, wie z.B. den Vorsorgeräumen und Vorranggebieten Naturschutz und Landschaftspflege und den Räumen mit besonderer Eignung für Fremdenverkehr

Das Programm erfährt seine teilräumliche Konkretisierung - und auch Ergänzung - durch die *Regionalen Raumordnungsprogramme* für die vier Planungsregionen. Ihre Aufstellung obliegt den regionalen Planungsverbänden, die von den jeweiligen Landkreisen und kreisfreien Städten gebildet sind. Sie werden dabei von den vier Ämtern für Raumordnung und Landesplanung unterstützt, die den größten Teil der analytischen und planerischen Arbeiten leisten und die Ergebnisse in den Verbandsgremien abstimmen.

Von diesen Regionalen Raumordnungsprogrammen ist eines bereits für verbindlich erklärt, das Programm der Region *Mittleres Mecklenburg / Rostock*. Zwei Programme befinden sich jetzt im Beteiligungsverfahren, die Programme der Regionen *Westmecklenburg* und *Mecklenburgische Seenplatte*. Das Programm für die Region *Vorpommern* befindet sich in der Entwurfsphase. Darüber wird in einem weiteren Referat berichtet.

Die vier Regionen haben jeweils ihre Spezifika: ihre Lage an der Küste oder im Binnenland, ihre Grenzlage zur alten Bundesrepublik oder aber zu Polen und damit einem der ehemals sozialistischen Länder. Vieles andere ist aber allen vier Regionen gemeinsam - und gleicht auch der Lage in manchen Regionen anderer ostdeutscher Länder:

Allen gemeinsam und bestimmend für unsere jetzige Situation sind die Folgen des wirtschaftlichen Strukturwandels nach dem Beitritt der ostdeutschen Länder zur Bundesrepublik (vor allem: Industrie, Landwirtschaft, Wohnungs- und Siedlungswesen, Umweltpolitik).

Weitgehend gemeinsam ist unseren Regionen die ohnehin schon geringe Bevölkerungs- und Siedlungsdichte, akzentuiert durch weitere Bevölkerungsverluste durch Geburtenrückgang und negative Wanderungssalden. Dementsprechend gibt es wenige größere Zentren, aber viele kleine Orte und Gemeinden.

Mit gewissen Unterschieden (und hier in Vorpommern besonders ausgeprägt) haben die Regionen eine schlechte bis mäßige Verkehrsanbindung an die großen Zentren und Wirtschaftsschwerpunkte in Deutschland.

Ebenfalls allen Regionen gemeinsam sind:

eher mäßige bis durchschnittliche natürliche Produktionsvoraussetzungen für die Landwirtschaft,

erhebliche Potentiale für die Gewinnung von Bau-Rohstoffen (Kies, Sand, Ton etc.); dies gilt nur mit Einschränkungen für die Region Vorpommern, die mit solchen Bodenschätzen weniger reich gesegnet ist.

(besonders wichtig und in Vorpommern besonders ausgeprägt): attraktive Landschaften mit einem - im großräumigen Vergleich - weit überdurchschnittlichen Potential für den Tourismus, damit aber auch: viele Landschaften, die wegen ihrer relativen Unberührtheit sowie der Artenvielfalt bei Flora und Fauna als schützenswerte Freiräume große Bedeutung haben, und zwar weit über unser eigenes Land hinaus.

Diese Gemeinsamkeiten bestimmen die wichtigen gemeinsamen Leitvorstellungen für die Entwicklung des Landes, wie sie dem Landesraumordnungsprogramm - und damit auch den Regionalen Raumordnungsprogrammen - zugrundeliegen. Sie lassen sich in wenigen Sätzen zusammenfassen:

Es gilt die - im engeren Sinne - raumgebundenen Ressourcen bestmöglich für die wirtschaftliche Entwicklung zu nutzen: für eine effiziente Land- und Forstwirtschaft, für den landschaftsorientierten Tourismus, auch für die Rohstoffgewinnung.

Dies muß im Einklang mit wichtigen Belangen der Ökologie und speziell des Natur- und Landschaftsschutzes geschehen.

Weil die unmittelbar raumgebundenen Bereiche Landwirtschaft, Tourismus und Rohstoffgewinnung nur begrenzte Arbeits- und Erwerbsmöglichkeiten bieten können, müssen möglichst viele andere Arbeitsplätze (und Ausbildungsplätze!) geschaffen und gesichert werden.

Wichtig sind dabei vor allem moderne und innovative Arbeitsplätze, deren Leistungen auch außerhalb der jeweiligen Region und des Landes abgenommen werden, und zwar Leistungen im verarbeitenden Gewerbe ebenso wie in einem sehr weit zu verstehenden Dienstleistungsbereich, einschließlich Bildung und Foschung.

Das erfordert attraktive Standorte, die den Unternehmen und Institutionen die Kooperation untereinander erleichtern und den Mitarbeitern gute Lebensbedingungen bieten. Dazu gehören gute Einkaufs- und Freizeitmöglichkeiten genauso wie der gesicherte Zugang zu Einrichtungen des Bildungs- und Gesundheitswesens.

Dies macht deutlich: Es geht nicht nur um die flächengebundenen Potentiale, sondern gerade auch um die Entwicklung (und Bindung) der an die Menschen gebundenen Ressourcen (Wissen, Erfahrung, Motivation): Die längerfristige Entwicklung wird ganz stark davon bestimmt sein, wieviele der jetzigen hiesigen Schüler hier ihre berufliche Zukunft sehen.

Die Raumordnungsprogramme bringen dies mit ihren wichtigsten Aussagen und planerischen Instrumenten klar zum Ausdruck:

Die flächenbezogenen Ausweisungen der Eignungs-, Vorsorge- und Vorrangräume sollen die möglichst effiziente und zugleich konfliktarme Nutzung der natürlichen raumgebundenen Potentiale sichern.

> Die Ausweisung der zentralen Orte und die große Zahl der darauf bezogenen Programmsätze (Ziele) gilt all jenen Entwicklungen, bei denen es auf die geschickte Bündelung an geeigneten Standorten ankommt.

Dabei können und sollen die Programme der Raumordnung künftige Entwicklungen nicht voll determinieren. Auch können sie Raumnutzungskonflikte nicht völlig und im voraus vermeiden. Denn sie sind nur Grundlage für die möglichst gute räumliche Abstimmung der Entscheidungen, die dezentral von vielen verschiedenen Akteuren getroffen werden müssen. Die diesem Beitrag gestellte Frage nach den aktuellen Problemen der Raumordnung betrifft somit auch die Frage nach der Wirksamkeit der Raumordnung: Inwieweit bewähren sich die Ziele und Instrumente der Raumordnung als Grundlagen und planerische Hilfsmittel für die Abstimmung (konfliktmindernde Beeinflussung) dezentraler Entscheidungen?

Zur Wirksamkeit der Raumordnung und Landesplanung

Nur zwei Jahre nach Vorlage des Landesraumordnungsprogramms und mitten im Prozess der Aufstellung der Regionalen Raumordnungsprogramme lassen sich Erfolge und Schwächen dieser Raumordnung im einzelnen noch nicht belegen. Bisherige Beobachtungen lassen jedoch einige Schlüsse zu:

Zum zentralörtlichen System: Das System der zentralen Orte entfaltet - trotz mancher Schwächen - deutliche Wirkungen in der Ausrichtung verschiedener Politikfelder auf ein gemeinsames räumliches Leitbild. Beispiele sind das Gesetz über den Kommunalen Finanzausgleich, das eine besondere Förderung der zentralen Orte für die von ihnen über den Eigenbedarf hinaus erbrachten Leistungen vorsieht, oder die Ausgestaltung der Gemeinschaftsaufgabe "Verbesserung der regionalen Wirtschaftsstruktur", die ebenfalls einen Teil der Förderung an den zentralörtlichen Status bindet. Auch für manche Bereiche der sozialen und kulturellen Infrastruktur ist die Koordinationswirkung dieses räumlichen Bezugssystems deutlich zu erkennen. Das System bedarf aber der weiteren Bewußtmachung. Auch müssen die Konsequenzen des Bevölkerungsrückgangs bedacht werden.

Zu den Ordnungsräumen: Das Umland fast aller Städte weist starke Siedlungstätigkeit auf, und zwar sowohl für den Wohnungsbau wie für gewerbliche Nutzung einschließlich Handel. Mit der Ausweisung von Ordnungsräumen (kreisfreie Städte mit ihrem Umland) und mit der Forderung nach dort besonders intensiver Abstimmung aller Planungen hat die Raumordnung nur begrenzt zu einer geordneten, an den eigenen Zielen ausgerichteten Stadt-Umland-Entwicklung beitragen können.

Zu den flächenbezogenen Ausweisungen von Eignungs-, Vorsorge- und Vorrangräumen: Diese raumordnerischen Instrumente erweisen sich als wichtige Hilfsmittel zur Abstimmung raumwirksamer Planungen und Maßnahmen. Dies gilt nicht nur für die Vorranggebiete, in denen ein eindeutiger Vorrang einer bestimmten Raumnutzung bzw. Raumfunktion bereits feststeht (z.B. die als

"Vorranggebiete Naturschutz und Landschaftspflege" ausgewiesenen Naturschutzgebiete und Nationalparks). Die Ausweisungen von Eignungs- und Vorsorgeräume markieren jene Raumfunktionen, die in den betreffenden Räumen bei der Abwägung besondere Beachtung erfordern. Sie können einzelfallbezogene Abstimmungen (insbesondere Raumordnungsverfahren) also nicht ersetzen, bilden dafür aber eine wichtige Grundlage.

Aktuelle Problembereiche

Das Thema "aktuelle Probleme der Raumordnung" fragt auch danach, in welchen sektoralen Politikfeldern (Fachplanungen) die Raumordnung und Landesplanung (Regionalplanung) derzeit besonders gefordert ist, um eine effektive und konfliktarme Nutzung der raumgebundenen Ressourcen des Landes im Einzelfall zu sichern. Solche Schwerpunkte finden sich derzeit in den folgenden Bereichen:

Gewinnung von oberflächennahen Rohstoffen: Viele Landesteile verfügen über erhebliche Vorkommen an Bodenschätzen, die als Bau-Rohstoffe Bedeutung haben, vor allem Kies und Sand. Die Gewinnung ist in wenigen Jahren von jährlich ca. 7 Mio. t auf ca. 25. Mio. t angestiegen. Abweichend von den alten Bundesländern gelten in den neuen Ländern die meisten dieser Bodenschätze als bergfrei im Sinne des Bundesberggesetzes. Dies führt derzeit zu einem erheblichen Boom bei der Beantragung und Erteilung neuer Bergbauberechtigungen, und zwar weit über den kurz- und mittelfristigen Bedarf hinaus. Aufgrund der besonderen Rechtslage bestehen nur begrenzte Möglichkeiten, raumordnerische Belange, die einem Abbau entgegenstehen können, in den bergrechtichen Verfahren zur Geltung zu bringen.

Räumliche Abstimmung großer Verkehrsvorhaben: In den vergangenen Jahren lagen die Schwerpunkte der Arbeit bei der Bestimmung raumverträglicher Trassen für die Autobahn A20 sowie für zahlreiche Ortsumgehungen von Bundesstraßen. Derzeit laufen das Raumordnungsverfahren für die Autobahn A241 von Schwerin nach Wismar sowie umfangreiche vorbereitende Arbeiten für das ROV zur Magnet-Schnellbahn Hamburg-Berlin. Seitens des Landes wird dieses Vorhaben raomordnerisch unter der Bedingung unterstützt, daß der Raum Schwerin mit einem Haltepunkt an dieses System angebunden wird. Bei Realisierung des Vorhabens wird mit erheblichen Auswirkungen für diesen Raum gerechnet.

Überörtlich bedeutsame Tourismusvorhaben: Die Tourismuspolitik des Landes geht davon aus, daß eine gute und raumverträgliche Nutzung des großen Tourismuspotentials Mecklenburg-Vorpommerns auch die Realisierung solcher Vorhaben erfordert, die neue große Beherbergungskapazitäten mit attraktiver touristischer Infrastruktur verbinden. Großvorhaben müssen das kleinmaßstäbliche und überwiegend mittelständische Tourismusgewerbe ergänzen. Raumordnerisch wurden über 20 solcher Einzelvorhaben geprüft und konnten in vielen Fällen positiv bewertet werden, nachdem die Planungen in Umfang oder räumlicher Gestaltung Anpassungen erfuhren. Tatsächlich sind bislang jedoch nur wenige solcher großen Vorhaben in der Realisierung. Besondere Beachtung findet derzeit die Frage der möglichen Zahl und geeigneten Standorte großer Freizeitbäder. Es zeichnet sich ab, daß nicht mehr als fünf solcher Einrichtungen eine ausreichende Auslastung finden könnten.

Errichtung von Windkraftanlagen bzw. Windenergieparks: Die technischen Fortschritte und die günstigen finanziellen Rahmenbedingungen führen dazu, daß jetzt in praktisch allen Landesteilen zahlreiche Planungen und Bauanträge für neue Anlagen vorliegen und absehbar sind. Dies stellt die Raumordnung vor eine völlig neue Aufgabe, für die auch die planerischen und rechtlichen Instrumente der Weiterentwicklung bedürfen. Es wird eine Konzentration auf bestimmte, gezielt auszuweisende Eignungsräume angestrebt. Vor allem in den Schwerpunkträumen des Tourismus muß auf eine sehr vorsichtige Entwicklung dieses Bereichs geachtet werden.

Entwicklung der ländlichen Räume: Dies ist ein Themenschwerpunkt der eher generellen Diskussion. Es gelang der Raumordnung dabei aber bisher nur unvollkommen, ihre Vorstellungen in der politische Diskussion wirksam werden zu lassen. Formal unterscheidet zwar die Raumordnung die "ländlichen Räume" von anderen: Sie bezeichnet als "ländliche Räume" alle Gebiete außerhalb der um die kreisfreien Städte gebildeten Ordnungsräume. Tatsächlich ist es aber aus raumordnerischer Sicht entscheidend, die ländlich strukturierten Räume und das Netz der städtischen Zentren in ihrer Komplementarität und nicht als Gegensatz zu begreifen. Denn die Zentren (zentralen Orte) und deren Erreichbarkeit sind besonders wichtige Elemente der Entwicklungschancen und Lebensqualität, die sich den Bewohnern der wirklich ländlich strukturierten Räume bieten. Die erreichbaren Zentren sind Teil ihres Lebensraums und nur sie gestatten die Vielfalt an Arbeits-, Ausbildungs- und Versorgungsmöglichkeiten, die wir in der heutigen Gesellschaft für wichtig und selbstverständlich halten.

Konrad Billwitz

KONZEPTE FÜR EINE UMWELTGERECHTE LANDNUTZUNG IN MECKLENBURG-VORPOMMERN

1. Einführung

Die Landnutzung in Mecklenburg-Vorpommern ist seit jeher von der Landwirtschaft dominiert. Daher wirkt sich die gegenwärtige EU-Agrarpolitik mit ihrem "Rückzug aus der Fläche"[1] in besonderem Maße auf den hiesigen ländlichen Raum aus. Die Frage nach dessen Zukunft ist auch deshalb von besonderer Bedeutung, weil hier zu der peripheren Lage in Deutschland noch recht spezifische, aus der spätglazialen und holozänen Naturraumentwicklung herrührende, in Hinsicht auf die Landnutzung einmal als günstig oder zum anderen als ungünstig einzuschätzende Boden- und Reliefbedingungen sowie formenwandelbedingte Klimabesonderheiten hinzukommen. Desweiteren gibt es traditionell vorherrschende großflächige Bewirtschaftungsformen sowie eine geringe Bevölkerungsdichte, was letztlich in spezifische Polaritäten der natürlichen und infrastrukturellen Raumausstattung in Bezug auf Heterogenität/Homogenität, Hydromorphie/Anhydromorphie, Erschließung/Zerschneidung sowie der Habitateigenschaften in Bezug auf Störung/Ungestörtheit usw. mündet.

Alle diese Eigenarten haben dazu geführt, daß neben intensivst landwirtschaftlich genutzten Räumen auch große Areale relativ naturnaher, nicht fragmentierter Landschaften existieren.

2. Gegenwärtige Situation und Szenarios künftiger Entwicklung

Neuerdings werden die seit dem ausgehenden Mittelalter festgefügten Relationen zwischen Acker, Grünland, Wald und besiedelten Flächen zunehmend infrage gestellt. 40% der gegenwärtigen landwirtschaftlichen Nutzfläche Mecklenburg-Vorpommerns stellen Grenzertragsstandorte dar. In Abhängigkeit von der Anpas-

---

[1] Vgl. Bergmann, E.: Rückzug der Landwirtschaft aus der Fläche? - In: BfLR-Mitteilungen, 4/1994; Bundesministerium für Ernährung, Landwirtschaft und Forsten: Für unsere ländlichen Räume. Bonn 1995. 39 S.

sungsflexibilität der landwirtschaftlichen Betriebe an die veränderte Situation wird deshalb angenommen,[2]

- daß künftig nur noch knapp zwei Drittel der früheren Ackerflächen produktiv bewirtschaftet werden können. Dabei schwanken die Flächenangaben zwischen 56 und 71%, wobei zwischen "stillgelegten Ackerflächen" und "vollständig aus der landwirtschaftlichen Nutzung herausfallenden Flächen" zu unterscheiden ist;
- daß auf dem Ackerland der Getreideanbau mit etwa 60% weiter dominieren wird, wobei in Gebieten mit ungünstigen Standortbedingungen Getreide künftig überhaupt nicht mehr rentabel produziert werden kann;
- daß der Rapsanbau in Abhängigkeit von der Quotierung weiter auf dem Vormarsch ist und künftig bis zu 25% der Ackerfläche einnehmen wird;
- daß Silomais zwischen 13 und 16% der Ackerfläche einnehmen wird und daß Kartoffeln überhaupt nicht mehr, Zuckerrüben auf maximal 3% der Ackerflächen angebaut werden;
- daß die Grünlandbewirtschaftung an den Grenzen der Rentabilität steht, Grünland also wesentlich extensiver bewirtschaftet bzw. zu großen Teilen aus der Produktion herausgenommen werden wird, wobei sich auch das Verhältnis von extensiv zu intensiv genutztem Grünland von gegenwärtig 1:9 auf etwa 1:1 verändern wird.

Deshalb ist die Frage nach den Entwicklungsmöglichkeiten der aus der landwirtschaftlichen Nutzung herausfallenden Flächen von entscheidender Bedeutung.[3] Soll vorrangig "Aufforstung" (oder MV-verbrämt "Waldmehrung") betrieben werden oder gibt es Nutzungsalternativen, die eine weitgehende "Offenhaltung" der Landschaft ermöglichen?

Ökologische Leistungen der Naturräume und die Nutzung von Entwicklungspotentialen für die Region werden letztlich darüber zu entscheiden haben! Sind es neben der weiterhin wichtigen Erzeugung von Lebensmitteln die Produktion nachwachsender Rohstoffe und Heizmaterialien? Sollte die "Konstruktion" von intakten und vielfältigen Landschaften mit wünschenswerten Freiraumfunktionen Ziel der Landesentwicklung sein? Sind vorsorgender Bodenschutz für eine Entwicklung umweltgerechter Intensiv-Landwirtschaftsbetriebe mit ausreichender Nutzungs- und Strukturvielfalt, sind Vorsorge für einen ökologisch optimalen Gebietswasserhaushalt, für naturnahe Erholungslandschaften, für einen naturnahen Waldaufbau, für eine nachhaltige natürliche Grundwasserbildung, für einen europaweit ausstrah-

---

[2] Bork, H.-R., Dalchow, C., Kächele, H., Piorr, H.-P., Wenkel, K.-O.: Agrarlandschaftswandel in Nordost-Deutschland unter veränderten Rahmenbedingungen: ökologische und ökonomische Konsequenzen. Berlin: Ernst 1995, 418 S.

[3] Bundesministerium für Ernährung, Landwirtschaft und Forsten: Für unsere ländlichen Räume. Bonn 1995, 39 S.

lenden Habitat- und Artenschutz derartige Entwicklungspotentiale? Können auch extensive Weidelandschaften Entwicklungsziele sein? Welche Chancen bieten sich der Idee von den "Naturentwicklungsgebieten"? Oder bleiben für die Perspektive nur militärische Übungsgelände und Deponiestandorte übrig?

Offensichtlich sind im Lande vielfältige, aber regional differenzierte Entwicklungspotentiale vorhanden. Deshalb sind sie auch alle in prognostische Überlegungen einzubeziehen. Eine wichtige Aufgabe kommt deshalb sicherlich auf die Hochschulen des Landes mit ihren (agrar-, geo-, bio-) ökologischen Lehr- und Forschungseinrichtungen zu. Man sollte sich z.B. mit den regionalen Auswirkungen der "Gemeinsamen Agrarpolitik" auf Naturhaushalt und Landschaftsbild, mit den qualitativen und quantitativen Landschaftsveränderungen und den dazu erforderlichen Steuerungsinstrumenten und mit der Entwicklung von regionalen Leitbildern für unterschiedliche Landschaftsräume aufgrund vorgefundener oder angestrebter Landschafts- und Flurfunktionen beschäftigen.

Gegenwärtig gibt es allerdings widerstreitende Zielvorstellungen über die Zukunft der ländlichen Räume in Mecklenburg-Vorpommern, die sich auch in den vorgelegten Konzepten widerspiegeln.

3. Konzepte für eine umweltgerechte Landnutzung in Mecklenburg-Vorpommern

Die Forstplanung setzt auf eine mittelfristige Erhöhung des Waldanteils von gegenwärtig 21 auf 25%, langfristig auf 30%.[4] Für das aktuelle Planungsgeschehen wurde dafür bereits eine "Waldmehrungskarte" mit einer 5-stufigen Skala vorgelegt: 1. Gebiete ohne Waldmehrung, 2. Gebiete mit einer Erhöhung des Waldanteils um bis zu 3%, 3. um 4-10%, 4. um 11-25%, 5. um 26-50%. Der gegenwärtige Waldanteil ist dabei einem "naturraumbezogenen optimalen Bewaldungsanteil" gegenübergestellt worden. Die "Philosophie" der ausschließlich forstliche Gesichtspunkte berücksichtigenden Waldmehrung besagt: "Je bewegter das Relief, je sandiger der Boden, je größer die Abweichungen von einer mittleren Wasserversorgung und je geringer die Nährkraft des Bodens in Mosaiken von Naturräumen ist, desto mehr empfehlen wir die Aufforstung". Einen Ausschnitt aus der Waldmehrungskarte gibt die Abb. 1 wieder.

Die Agrarplanung setzt EU-Agrarpolitik um. Die bisherige Agrarstrukturförderung des Landes umfaßt eine Vielzahl von Maßnahmen, die von der Wiedereinrichtung bäuerlicher Familienbetriebe, über Flächenbeihilfen bei Ölsaaten bis zu Anpassungshilfen für ältere landwirtschaftliche Arbeitnehmer reichen. Es ist aber offensichtlich, daß damit kaum ein Durchbruch in Richtung umweltgerechter Landnutzung erzielbar ist. Im Gegenteil, der Einfluß der EU-Marktordnung zeigt

---

[4] Landesamt für Forstplanung MV: Begleittext zur Karte der Waldmehrungsgebiete in Mecklenburg-Vorpommern; Schwerin 1994

Abbildung 1
Die Waldmehrung in Vorpommern (Ausschnitt aus einer Karte für Mecklenburg-Vorpommern)

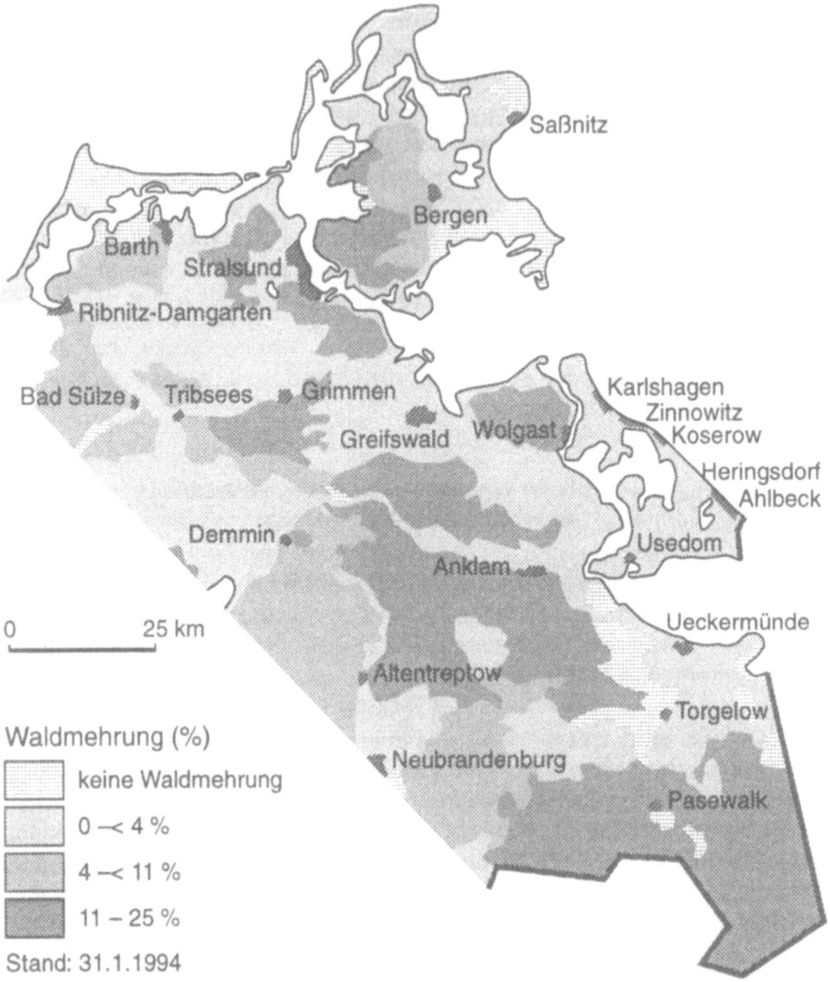

Quelle: Landesamt für Forstplanung Mecklenburg-Vorpommern. Stand: 31.1.1994

sich zunehmend in extrem vereinfachten und verarmten Fruchtfolgen, wobei außerdem traditionelle Prinzipien der Fruchtfolgegestaltung aufgegeben worden sind. Es ist also an der Zeit, sich neben dem Sanierungsbedarf infolge der überdimensionierten Großflächenwirtschaft mit ihrer weitgehenden Vernachlässigung landschaftspflegerischer Maßnahmen auch dem Schutz natürlicher Potentiale und

Ressourcen zur Sicherung einer dauerhaften und umweltverträglichen Landbewirtschaftung und in diesem Zusammenhang mit der Gestaltung des Agrarraumes auf ökologischer Grundlage zu widmen. Letzteres ist auch deshalb unverzichtbar, weil mit den EU-Beschlüssen und dem Rückzug der Landbewirtschaftung auf begünstigte Standorte die Aufgabe von Nutzflächen hier regionale Dimensionen erreichen wird. Wenn bis 1990 in Mecklenburg-Vorpommern der Rückgang landwirtschaftlicher Nutzflächen im Vergleich zu anderen alten Bundesländer recht bescheiden blieb (Abb.2), so werden die in den nächsten Jahrzehnten zur Disposition

Abbildung 2
Rückgang landwirtschaftlicher Nutzflächen seit 1956

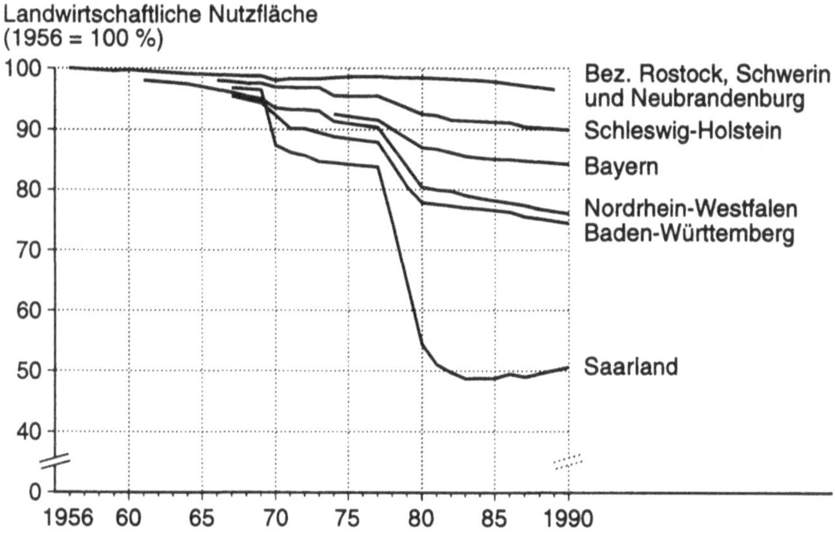

Quelle: Statistische Jahrbücher BRD/DDR; Bearbeitung: K. Billwitz 1993

stehenden Flächen enorme Ausmaße erreichen. Allein die auf der Insel Usedom vorhandenen zu trockenen und zu nassen landwirtschaftlichen Nutzflächen machen das Ausmaß dieses Prozesses deutlich (Abb.3).

Die Landwirtschaftspolitik sieht sich also zunehmend bedrängt und muß sich - wenn sie weiteren Schuldzuweisungen hinsichtlich mangelnder Konzepte zur Zukunft der ländlichen Räume Mecklenburg-Vorpommerns ausweichen will - einer solchen Problematik stellen. In einer ersten Stellungnahme bekennt sich der Minister für Landwirtschaft und Naturschutz des Landes Mecklenburg-Vorpommern zu bestimmten Grundsätzen einer umweltschonenden und standortverträglichen Landwirtschaft.[5] Nach den bisher auf den Weg gebrachten Förderpro-

[5] Konzept der umweltschonenden und standortverträglichen Landbewirtschaftung in MV. Ministerium für Landwirtschaft und Naturschutz des Landes MV, Schwerin 1995, 17 S.

grammen zeigt sich, daß sich die agrare Landnutzung in Mecklenburg-Vorpommern zunehmend differenzierter gestaltet:

Förderprogramm "Umstellung auf ökologischen Landbau"	70.474 ha
Förderprogramm "Sicherung von Salzgrasland"	3.728 ha
Förderprogramm "Erhaltung/Pflege von Feuchtgrünland"	26.100 ha
Förderprogramm "Naturschutzgerechte Nutzung von Trockenrasen"	2.992 ha
Förderprogramm "Grünlandrenaturierung"	22.218 ha

(Quelle: Unterlagen des Landesamtes für Umwelt und Natur M-V 1995)

Die agrare Landnutzung könnte schließlich etwa folgende drei Stufen umfassen:

1. eine "ordnungsgemäße", d.h. im Verständnis der Landwirte auch umweltverträgliche, auf nachhaltige Produktionsleistungen ausgerichtete intensive Landwirtschaft auf leistungsfähigen Standorten, mit "integrierten Pflanzenbau" und einem umfangreichen Anbau nachwachsender Rohstoffe mit hohem Biozid- und Düngereinsatz auf immer noch recht großen Schlägen,
2. den "ökologischen Landbau", der u.a. eine klein- bis mittelflächige Ackernutzung mit spezifischen Naturschutzzielen (z.B. die weitgehende Erhaltung der Ackerbegleitflora oder spezieller Nahrungsbiotopen) und einem Anbau nachwachsender Rohstoffe, allerdings ohne Fremdenergieeinsatz, verbindet,
3. eine "landschaftspflegende" Landwirtschaft mit z.T. großflächiger naturschutzgerechter Grünlandnutzung und dem Vermögen, ein mittel- und langfristiges Flächenstillegungsmanagement zu realisieren bzw. eine direkte, klein- bis mittelflächige Pflegenutzung zu betreiben, wobei u.a. die anfallende Biomasse weitgehend "fremdverwertet", lineare und netzartige Pufferzonen geschaffen und unterhalten und als Umweltqualitätsziel insgesamt dauerhafte Naturentwicklung angestrebt werden.

Dabei wird deutlich, daß eine umweltgerechte, nachhaltige Landwirtschaft a priori noch keine naturschutzgerechte Landwirtschaft zu sein braucht! Denn die Erfüllung naturschutzfachlicher Anforderungen setzt vielmehr ein Konzept für eine standortdifferenzierte Landnutzung mit vielfältigsten Nutzungsvarianten für die sehr unterschiedlichen natürlichen Bedingungen innerhalb eines Betriebes voraus. Damit ist zugleich die Flur(neu)ordnungsproblematik angesprochen:

Agrarstrukturbehörden, deren Aufgaben in den alten Bundesländern bisher schwerpunktmäßig darin bestanden, die generellen Produktionsbedingungen der Landwirtschaft zu verbessern, haben im Osten neben der Klärung von Eigentumsverhältnissen und der Schaffung sachgerechter Bedingungen für Wieder- und Neueinrichter vorrangig die Aufgabe, die standortindifferenten Vorgaben der Agrarstrukturpolitik in standortspezifische Maßnahmen umzusetzen, d.h. unter den neu-

Abbildung 3

Insel Usedom: Welcher künftige Umgang mit zu trockenen und zu feuchten landwirtschaftlichen Nutzflächen?

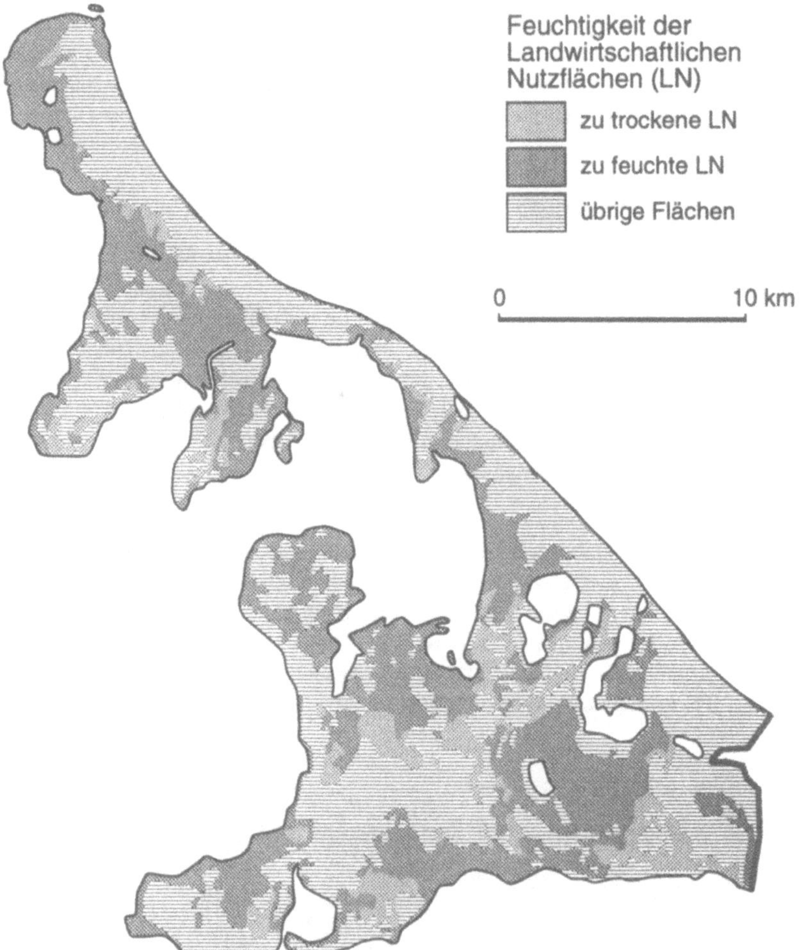

Quelle: LINFOS M-V, Landesamt für Umwelt und Natur 1995

en agrarpolitischen Rahmenbedingungen eine zunehmend ökologische Flurneuordnung durchzuführen. Dazu sagt aber das "Konzept..." des Ministers nichts. Es erwähnt auch mit keinem Wort die "Agrarstrukturelle Vorplanung" (AVP) als Planungsinstrument zur generellen Entwicklung des ländlichen Raumes sowie zur Verbesserung der Produktions- und Arbeitsbedingungen für die land- und forstwirtschaftlichen Betriebe. In anderen Bundesländern dient üblicherweise die AVP als überörtliche Entwicklungsplanung als wesentliche Entscheidungshilfe für die

Landesbehörden, um einen wirkungsvollen Einsatz von Maßnahmen und Finanzmitteln zur Verbesserung der Agrstruktur zu ermöglichen. In der AVP sind dafür sachliche und räumliche Schwerpunkte herauszuarbeiten, wobei neben den spezifischen land- und forstwirtschaftlichen Schwerpunkten noch übergreifende Themen in ihren Wechselwirkungen mit der Agrarstruktur zu berücksichtigen sind, wie z.B. generelle Ziele der Raumordnung und Landesplanung, die regionale Wirtschafts- und Infrastruktur, die Belange von Natur- und Umweltschutz, von Landschaftsplanung und Erholung, die voraussichtliche Entwicklung von Bodennutzung und Landeskultur, die Notwendigkeit einer Dorferneuerung, die außerlandwirtschaftlichen Raumnutzungsansprüche usw. In einer AVP sind diesbezügliche Problem- und Konfliktbereiche und Ansätze zu deren Lösung aufzuzeigen.[6]

Die AVP in Mecklenburg-Vorpommern müßte sich darüber hinaus mit dem unbestreitbaren Sanierungsbedarf aus der Vergangenheit, mit den naturwissenschaftlichen Grundlagen bei der Standortbeurteilung und Standortauswahl für eine Stilllegung, für eine bestimmte Form extensiver landwirtschaftlicher Nutzung oder für eine Waldmehrung, mit der Qualifizierung der Biotopverbundplanung, gleichzeitig aber auch mit der Erhaltung großer, unzerschnittener, störungsarmer und trotzdem strukturreicher ländlicher Räume usw. beschäftigen. Zu letzterem Sachverhalt laufen in Nordostdeutschland gegenwärtig mehrere vom BMBF geförderte Forschungsvorhaben.

Die Naturschutzplanung (Landschaftsplanung) versucht, ganzheitliche Konzepte für eine naturschutzgerechte und sozial tragfähige Landnutzung für das Land in die Diskussion zu bringen[7] . Da defensives Herangehen an die skizzierten Probleme und traditionelle konservierende Bestandssicherung die noch im Lande bestehende Lebensraumqualität letztlich nicht zu sichern vermag, wurden folgende Forderungen für Mecklenburg-Vorpommern formuliert:

- Der Naturschutz muß integraler Bestandteil einer dynamischen Entwicklung der Landschaft werden.
- Die ökologische Sanierung der Landschaft bedarf einer standortorientierten Nutzungsseparierung, die auch biologische Ressourcen nachhaltig sichert.

---

[6] Diemann, R.: Natur- und Landschaftsschutz im Rahmen der Agrarstrukturellen Vorplanung „Harz II". - In: Wiss. Beiträge 2. Hochschultagung „Landwirtschaft im Wandel - Konsequenzen für Wissenschaft und Praxis", MLU Halle-Wittenberg 1994, 142-148; Diemann, R.: Agrarraumgestaltung in Sachsen-Anhalt - Fallbeispiele und Konzepte. - In: Kühn-Archiv, 89. (1995)1, 15-25; Diepenbrock, W.: Strategien in der Pflanzenproduktion. - In: Wiss. Beiträge 3. Hochschultagung „Umweltgerechte Landbewirtschaftung im mitteldeutschen Agrarraum", MLU Halle-Wittenberg 1995, 25-33; Eckert, H., Breitschuh, G.: Kritische Umweltbelastungen Landwirtschaft (KUL) - Eine Methode zur Analyse und Bewertung der ökologischen Situation von Landwirtschaftsbetrieben. - In: Arch. Acker-Pflanz. Boden, 38. 1994, 129-163; Otto, R.: Agrarpolitische Aspekte und Methodik der Agrarstrukturellen Vorplanung „Harz II". - In: Wiss. Beiträge 2. Hochschultagung „Landwirtschaft im Wandel - Konsequenzen für Wissenschaft und Praxis", MLU Halle-Wittenberg 1994, 130-135

[7] Baier, H., Holz, R., Jeschke, L., Müller-Motzfeld, G., Succow, M.: Sicherung der natürlichen Umwelt durch Naturschutz und Landnutzung. Ein Diskussionspapier für ein landesweites Handlungsprogramm des Naturschutzes. - In: Naturschutzarbeit in Mecklenburg-Vorpommern 37. (1994)1, 1-7

- Die Grenzertragsgebiete sind vornehmlich durch naturschutzgerechte Nutzungen zu entwickeln.
- Die naturschutzgerechte Landnutzung als Grundlage für nachhaltige Beschäftigungsperspektiven ist durch eine Ergänzung der Förderpolitik zu sichern.
- Der Verbrauch landschaftlicher Freiräume mit herausragender ökologischer Bedeutung und ästhetischer Eigenart durch nicht-agrarische Nutzungen ist konsequent zu vermeiden.
- Der besonderen Verantwortung des Landes für den Artenschutz für Wirbeltierarten mit großen Raumansprüchen ist durch äußerste Zurückhaltung bei der weiteren Erschließung störungsarmer und unzerschnittener Lebensräume zu entsprechen.

Damit wurde letztlich ein Programm für eine „ökologisch begründete Landesentwicklungsplanung" formuliert, die ökologische Komponenten ausdrücklich in das raumordnerische Zielsystem integriert. Eine derartige Landesentwicklungsplanung für die ländlichen Räume Mecklenburg-Vorpommerns muß, auf einer geo- und bioökologischen Analyse aufbauend und die veränderten Rahmenbedingungen beachtend, Landschaftsdiagnose nicht nur unter den früheren Schlagworten „Leistungsfähigkeit", „Belastbarkeit", „Tragfähigkeit", „Nutzungseignung", sondern heute vorrangig unter dem Aspekt „Entwicklungsmöglichkeit der Landnutzung" betreiben.

Unter Zugrundelegung von areal auszuweisenden „Gefährdungspotentialen" der Landschaft (z.B. der durch Wassererosion und der durch Winderosion gefährdeten Flächen, von Flächen, die diffuse Stoffeinträge in Gewässer verursachen, von Flächen mit verdichteten und verdichtungsgefährdeten Böden usw.), von potentiell wertvollen Biotopen, schützenswerten Landschaften, Vorranggebieten usw. sind standortdifferenzierte Landnutzungszieltypen zu entwickeln (z.B. Acker-, Grünland-, Wald-, diverse Mischtypen), die den weiteren Strategien für eine naturschutzgerechte Landnutzung zugrundezulegen sind.

Eine derartige naturschutzgerechte Landnutzung ist in Mecklenburg-Vorpommern deshalb von höchster Priorität, weil

1. die hier noch durchaus zu konstatierende Vielfalt der Tier- und Pflanzenwelt allein durch Erhaltung bzw. Schaffung großflächiger, extensiv genutzter Rückzugs- und Ausbreitungsräume dauerhaft gesichert,
2. eine Vielzahl von gefährdeten Tier- und Pflanzenarten nicht durch vage, sondern allein durch radikale Extensivierung dauerhaft geschützt,
3. für zu trockene und zu nasse Grenzertragsstandorte (Magerrasen, Moorniederungen...) allein eine naturschutzgerechte Grünlandnutzung durch Beweidung als prioritäre Nutzungsart angesehen,

4. dadurch auch die Unzerschnittenheit und Ungestörtheit sowie die Großflächigkeit der Nutzungseinheiten erhalten und gleichzeitig ein hoher Anteil von Naturentwicklungsgebieten gewährleistet,
5. dadurch zugleich Erholungslandschaften geschaffen, bzw. aufgewertet werden können.

4. Zusammenfassung

Insgesamt wird in einer naturschutzgerechten Umstrukturierung der ländlichen Räume Mecklenburg-Vorpommern kein Desaster, sondern eine Chance gesehen, eine ökologisch intakte und ästhetisch befriedigende Landschaft stärker als bisher als produktionsrelevante Infrastruktur ins Spiel zu bringen, weil eine solche Landschaft zunehmend die Funktion einer „Vorleistung" für Investitionen und für die Produktion allgemein übernimmt. Unter den Kriterien für die Auswahl Lubmins als deutscher Standort für einen eventuell zu bauenden „Internationalen Thermonuklearen Reaktor" (ITER) spielte z.B. die große Landschaftsattraktivität des nordostdeutschen Küstenraumes keine geringe Rolle.

Lydia Neugebauer

DAS REGIONALE RAUMORDNUNGSPROGRAMM VORPOMMERN

Die Planungsregion Vorpommern umfaßt die vier Landkreise Rügen, Nordvorpommern, Ostvorpommern und Uecker-Randow sowie die beiden kreisfreien Hansestädte Stralsund und Greifswald. Mit rund 530.000 Einwohnern (1994) leben in dieser Planungsregion 29% der Bevölkerung Mecklenburg-Vorpommerns. Mit rund 6.765 km^2 verfügt die Region Vorpommern auch über 29% der Fläche Mecklenburg-Vorpommerns. Damit liegt Vorpommern hinsichtlich der Einwohnerzahl an erster und hinsichtlich der Fläche an zweiter Stelle unter den vier Planungsregionen des Landes.

Die Planungsregionen und die Regionalen Planungsverbände wurden auf der Grundlage des Landesplanungsgesetzes Mecklenburg-Vorpommern vom 31.03. 1992 gebildet. Das Landesplanungsgesetz stellt eine wesentliche Grundlage für die Arbeit der Regionalplanung dar. Es formuliert die Grundsätze der Raumordnung und Landesplanung, regelt die Aufstellung der Programme sowie die Organisation der Raumordnung und Landesplanung.

Der Regionale Planungsverband Vorpommern wurde Ende 1992 konstituiert. Ihm obliegt die Aufstellung und Fortschreibung der Regionalen Raumordnungsprogramme. Dabei bedient er sich des Amtes für Raumordnung und Landesplanung.

Das Regionale Raumordnungsprogramm Vorpommern (RROP) ist zur Zeit in Aufstellung befindlich. Zum Jahresende 1995 soll ein erster Entwurf des gesamten RROP der Verbandsversammlung vorgelegt werden. Nach der Diskussion und Beschlußfassung innerhalb des Regionalen Planungsverbandes wird 1996 ein umfangreiches Beteiligungsverfahren der Träger öffentlicher Belange durchgeführt werden.

Das Regionale Raumordnungsprogramm formuliert Ziele für die regionale Entwicklung in Vorpommern, es untersetzt die Aussagen des Landesraumordnungsprogramms und formt die Ziele räumlich konkret aus. Damit dient es als Bindeglied zwischen dem Ersten Landesraumordnungsprogramm Mecklenburg-Vorpommerns und der kommunalen Bauleitplanung. Das RROP bildet einen Rahmen, ein Angebot für die zukünftige Entwicklung in der Region, kann jedoch nicht direkt die Ansiedlung gewünschter Raumnutzungen bewirken.

Formal gliedert sich das RROP in zwei Teile:

Teil I - Überfachliche Ziele und Begründungen

Teil II - Fachliche Ziele und Begründungen.

Einzelne Kapitel wurden bisher als „vorläufige Arbeitsgrundlage" durch die Verbandsversammlung bestätigt. Im folgenden sollen nun einige Beispiele aus dem Inhalt des RROP kurz vorgestellt werden.

Im Teil I des RROP wird das Grundgerüst für die Raumstruktur der Region Vorpommern fixiert. Dieser Teil enthält die Gliederung in die beiden Raumkategorien „Ordnungsräume" und „Ländliche Räume", das System der Zentralen Orte und die über- und innerregionalen Achsen.

Ordnungsräume in Vorpommern wurden um die beiden kreisfreien Städte Stralsund und Greifswald ausgewiesen. Raumordnerisches Ziel ist es, in den Ordnungsräumen eine abgestimmte räumliche Entwicklung zu sichern und dem hohen Siedlungsdruck entgegenzuwirken. Dazu wurden durch das Amt für Raumordnung und Landesplanung Stadt - Umland - Runden moderiert, deren Ergebnisse sich im RROP niederschlagen sollen. Durch abgestimmte Protokolle zur Wohnungsbauentwicklung im Umland von Stralsund und Greifswald soll die Siedlungsentwicklung auf ausgewählte Siedlungsschwerpunkte gelenkt werden. Dabei ist nicht zu übersehen, daß die bisherigen Aktivitäten der Kommunen hinsichtlich der Ausweisung von Wohnbauland bereits in gewissem Umfang Fakten geschaffen haben, die bei der Moderation der Stadt-Umland-Runden mit berücksichtigt wurden.

Wichtiges regionalplanerisches Instrument ist das System der Zentralen Orte. Wie bereits mit dem Landesraumordnungsprogramm definiert, werden vier Stufen Zentraler Orte ausgewiesen. Zentrale Orte erfüllen übergemeindliche Versorgungsfunktionen für einen bestimmten Verflechtungsbereich (Oberbereich, Mittelbereich, Nahbereich). Im RROP werden die Verflechtungsbereiche so abgegrenzt, das jede Gemeinde einem Zentrum zugeordnet ist, auch wenn wir uns darüber im klaren sind, daß in der Realität meistens keine scharfe Grenzziehung möglich ist, sondern in der Regel auch breitere Grenzsäume mit sich überlappenden Verflechtungsbeziehungen vorhanden sind. Die eindeutige Zuordnung resultiert daraus, daß in Mecklenburg-Vorpommern für die Zentralen Orte Mittel nach dem Finanzausgleichsgesetz des Landes zur Verfügung gestellt werden, die zum einen Teil als Grundbetrag für die jeweilige Funktionsstufe und zum anderen Teil nach der Einwohnerzahl im Verflechtungsbereich zur Verfügung gestellt werden.

Für die Planungsregion Vorpommern fungieren Stralsund und Greifswald gemeinsam als Oberzentrum. Der Regionale Planungsverband hat eine Studie in Auftrag gegeben, die sich mit der arbeitsteiligen Wahrnehmung oberzentraler Funktionen durch beide Städte beschäftigt. Im Ergebnis der Untersuchung wurde eine gemeinsame Arbeitsgruppe beider Städte gebildet, die Aufgabenfelder für eine Arbeitsteilung absteckt und Möglichkeiten interkommunaler Zusammenarbeit berät. Ziel ist der Ausbau eines funktionsfähigen Städtenetzes, das der Stärkung des Zentrums im Interesse der gesamten Region dienen soll.

Mittelzentren in Vorpommern sind die Städte Anklam, Bergen, Pasewalk, Ribnitz-Damgarten und Wolgast. Als Mittelzentrum mit Teilfunktion sind die Städte Grimmen und Ueckermünde ausgewiesen. Diese Festlegungen sind aus dem Landesraumordnungsprogramm übernommen worden. Auf regionaler Ebene wurde ein Netz von Unterzentren und Ländlichen Zentralorten fixiert, mit dem eine flächendeckende Grundversorgung in der Region gesichert werden soll.

Durch die Region Vorpommern verlaufen überregionale Achsen in Ost-West- und in Nord-Süd-Richtung. Sie verbinden die Teilräume des Landes untereinander sowie mit wichtigen Zentren außerhalb des Landes. Es sind dies die Achsen von Lübeck über Rostock und Stralsund sowie Sassnitz bis nach Skandinavien und das Baltikum; von Lübeck über Schwerin-Neubrandenburg-Pasewalk nach Stettin und von Skandinavien bzw. dem Baltikum über Stralsund und Greifswald oder Neubrandenburg nach Berlin. Die geplante Autobahn A 20 wird wichtige Verbindungsfunktionen im Verlauf dieser Achsen zukünftig übernehmen. Die innerregionalen Achsen sollen vorrangig Zentrale Orte der Regionalebene untereinander verbinden und regionale Schwerpunkte der Siedlungs- und Fremdenverkehrsentwicklung an das überregionale Achsennetz anbinden.

Der Teil II des Regionalen Raumordnungsprogramms gliedert sich in Fachkapitel für die Bereiche Natur und Landschaft, Siedlungswesen, Wirtschaft, Tourismus, Soziale Infrastruktur, Verkehr, Technische Infrastruktur, Verteidigung und Konversion.

Wichtiges Instrument der Raumordnung, das sich in den Fachkapiteln widerspiegelt, sind die Vorranggebiete und Vorsorgeräume bzw. Eignungsräume für verschiedene Raumnutzungen.

Ziel der Ausweisung der Vorranggebiete und Vorsorgeräume für Naturschutz und Landschaftspflege in Vorpommern ist die Erhaltung der Vielfalt, Eigenart und Schönheit der Landschaft. Zu den Vorranggebieten zählen die Nationalparks Jasmund und Vorpommersche Boddenlandschaft, die Schutzzonen I und II des Biosphärenreservates Südost-Rügen, die Naturschutzgebiete und andere schutzwürdige Bereiche. In diesen Gebieten müssen alle Planungen und Maßnahmen mit den Zielen des Naturschutzes vereinbar sein. Zu den Vorsorgeräumen für Naturschutz und Landschaftspflege gehören die Schutzzone III des Biosphärenreservates Südost-Rügen, Landschaftsschutzgebiete, geplante Naturparks und Biotopkomplexe. In diesen Vorsorgeräumen sind alle Planungen und Maßnahmen so abzuwägen, daß die Räume in ihrer hervorgehobenen Bedeutung für Naturschutz und Landschaftpflege möglichst nicht beeinträchtigt werden.

Insbesondere als Grundlage für die Entwicklung des Wirtschaftsfaktors Tourismus ist der Bewahrung der vorpommerschen Landschaft besondere Aufmerksamkeit zu widmen.

Tourismus und Erholung sind als wichtige wirtschaftliche Säule der Region Vorpommern dauerhaft zu entwickeln. Damit können sowohl Erwerbsmöglichkeiten für die Bevölkerung als auch Einnahmequellen für die Kommunen gesichert werden. Der grundlegende Strukturwandel in der Wirtschaft der Region wie des ganzen Landes ging einher mit einem starken Beschäftigungsabbau in allen Bereichen. Eine gut entwickelte, vielseitig strukturierte und raumverträglich dimensionierte Tourismusbranche bietet der erwerbsfähigen Bevölkerung der Region vielfältige Möglichkeiten für den Haupt- und Nebenerwerb sowie für saisonale Teilzeitarbeit. Räumlich widerspiegelt sich diese Zielstellung in der Ausweisung von Tourismusschwerpunkt- und Tourismusentwicklungsräumen. Sehr gute natürliche Voraussetzungen für Tourismus und Erholung bieten die Vorpommersche Bodden- und Küstenlandschaft mit den großen Inseln, das Haffgebiet und die Flußtäler.

Tourismusschwerpunkträume bilden die Außenküste der Inseln Rügen, Usedom und Hiddensee sowie der Mehrzahl der Gemeinden an den Bodden- und Haffküsten. In diesen Räumen ist der Tourismus von besonderem wirtschaftlichem Gewicht. Insbesondere die qualitative Entwicklung der Beherbergungskapazitäten und der touristischen Infrastruktur stehen in diesen Räumen im Vordergrund.

In den Tourismusentwicklungsräumen ist dagegen eine Erweiterung der Beherbergungskapazitäten nach Zahl und Breite des Angebotes angestrebt, hinzu kommen vielfältige Maßnahmen der Saisonverlängerung. Diese Räume können als Entlastungs- und Ergänzungsgebiete zu den Hauptferienorten an der Ostseeküste fungieren. Zu den Tourismusentwicklungsräumen in Vorpommern zählen die „Randgebiete“ des Küstenraumes und das nähere Küstenhinterland, große Teile der Ueckermünder Heide u.a. Aufgrund der besonderen natürlichen Attraktivität der Landschaft in der Region sollen vor allem landschaftsbezogene Erholungs- und Urlaubsformen, die schonend mit den natürlichen Grundlagen umgehen, gefördert werden.

In engem Zusammenhang zu den bisher dargelegten Zielen der regionalen Entwicklung steht der Ausbau der Verkehrsinfrastruktur. Das betrifft sowohl die dringend notwendige Verbesserung der überregionalen Erreichbarkeit Vorpommerns als auch die Sicherung der Erreichbarkeit im Ländlichen Raum durch den ÖPNV.

Aus diesem Grund sind als Ziele im RROP die qualitative Aufwertung der überregionalen Schienenstreckenverbindungen mit angestrebten IC-Halten in Bergen, Binz, Greifswald, Sassnitz und Stralsund ebenso verankert wie die Realisierung der Bundesautobahn A 20, wodurch der Anschluß Vorpommerns an das großräumige Straßennetz hergestellt wird. Ein wesentlicher Aspekt gerade hinsichtlich der Lage der Planungsregion Vorpommern ist die Zusammenarbeit mit benachbarten Staaten. Insbesondere für die Entwicklung im Grenzraum zu Polen trifft das RROP in Ergänzung zum LROP des Landes zusätzliche Aussagen, mit denen eine für beide Seiten positive Entwicklung befördert werden soll. Es ließen sich noch zahlreiche weitere Beispiele anführen, es ist jedoch nicht möglich, auf alle Aspekte der regionalen Entwicklung an dieser Stelle einzugehen.

Stephan W. Schmidt

EXKURSIONSPROTOKOLL RÜGEN

Route: Greifswald - Stralsund - Altefähr - Samtens - Poseritz - Garz - Putbus - Binz - Prora - Saßnitz - Königsstuhl - Sagard - Stralsund

Sozialgeographische Fragestellungen bildeten den Schwerpunkt der Exkursion. Ein besonderes Augenmerk wurde dabei auf Entwicklungen der vergangenen fünf Jahre, der "Nach-Wende-Zeit" gerichtet. Sie betreffen vor allem Wirtschafts-, Siedlungs- und Bevölkerungsstrukturen der Region.

Greifswald/Stralsund

Am Beispiel Greifswalds zeigt sich, wie eine Entwicklung schon der letzten Jahrzehnte, die flächenhafte Expansion, sich seit der jüngsten Vergangenheit in abgewandelter Form mit zunehmender Geschwindigkeit vollzieht. Seit den siebziger Jahren wurden ganze Stadtteile in Plattenbauweise auf die "grüne Wiese" gesetzt, in Greifswald in erster Linie als Unterkünfte für die Beschäftigten des nahen KKW Lubmin. Unter den veränderten Wirtschaftsbedingungen ab 1990 erfolgte dann eine sehr großzügige Ausweisung von Gewerbegebieten in Ortsrandlagen, die gerade in MV ins Auge fällt. Offensichtlich wurde "Raum" nicht als knappes Gut begriffen. Beides trug dazu bei, daß Greifswald nicht im eigentlichen Sinne gewachsen, sondern lediglich in der Fläche expandiert ist, da die funktionale Bedeutung der Stadt kaum erhöht wurde.

Mit Blick auf die Innenstadt ist eher das Gegenteil der Fall: Großflächiger Einzelhandel am Ortsrand entzieht den kleineren Geschäften im Zentrum zunehmend die wirtschaftliche Grundlage. Die Dimension dieser Entwicklung erschließt sich am deutlichsten anhand folgender Zahlen: Mit rund 40.000 m^2 Verkaufsfläche (Real) im Süden und 30.000 m^2 (Marktkauf) in der nördlichen Nachbargemeinde Neuenkirchen stehen bei 65.000 Einwohnern allein dadurch mehr als $1 m^2/E$ zur Verfügung, wobei die bestehenden und weitere im Bau befindliche Supermärkte der einzelnen Stadtteile noch nicht einmal mitgerechnet sind. Daß es sich lediglich um distributive Infrastuktur handelt, die kaum Arbeitsplätze bietet, kommt hinzu.

Ob sich die bestehenden Unternehmen in dieser Größenordnung langfristig halten können, ist in Frage zu stellen. Möglicherweise wird der konsumptive

Nachholbedarf schon in wenigen Jahren nachlassen. Wie die wirtschaftliche Entwicklung überschätzt wurde, zeigt sich bereits an den z.T. nicht angenommenen, aber fertig erschlossenen Gewerbegebieten, die der Stadt heute lediglich Kosten verursachen ("beleuchtete Schafweiden"). Der Einzelhandel Neuenkirchen bewirkt darüber hinaus regelmäßige Staus an der Brücke über den Ryck am Nordrand der Greifswalder Innenstadt. Den Siedlungserweiterungen steht der Versuch gegenüber, die Bausubstanz in den Zentren zu erhalten. Die historische Altstadt von Stralsund, zum "Weltkulturerbe der UNESCO" erhoben, zeigt besonders deutlich, vor welche (v.a. finanziellen) Schwierigkeiten die Kommune gestellt ist. Aber auch die Veräußerung einzelner Objekte in private Hände ist nicht immer eine Lösung, wenn die Sanierung anschließend ausbleibt und die Stadt dem fortschreitenden Verfall zusehen muß. Vereinzelte Ölförderpumpen weisen in Nordvorpommern auf das "Grimmer Feld" hin, ein Erdölvorkommen, das in den siebziger Jahren entdeckt und erschlossen wurde. Dieses Öl war von bemerkenswert guter Qualität. Noch bevor allerdings der erste Jahrgang des neu eingerichteten Studienganges Erkundungsgeologie an der Greifswalder Universität seinen Abschluß machte, neigten sich die Vorkommen bereits ihrem Ende zu. Die an der Boddenküste vermehrt errichteten Windkraftanlagen geben verstärkt Anlaß zur Diskussion über die Grenzen der Windenergienutzung. Auswirkungen von optischen Störeffekten und (Infra-) Schallbelastung auf den Vogelzug und - im Gebiet des Greifswalder Boddens von besonderer Bedeutung - auf die über Wochen rastenden und im Hinterland äsenden Gänse sind noch unklar. Die Veränderung des Landschaftsbildes für den Menschen kommt hinzu. Zur Zeit sind Windparks in MV daher auf max. zehn Anlagen begrenzt. Es bietet sich allerdings der Vergleich mit der schleswig-holsteinischen Westküste an, wo erheblich mehr Windanlagen stehen (Dänemark sei als Extremfall außen vorgelassen).

Samtens

Die Gemeinde Samtens liegt auf der halben Strecke Stralsund-Bergen und verdankt ihre Bedeutung vor allem ihrer Funktion als Verkehrsknotenpunkt im ländlich geprägten Umland. Zur DDR-Zeit wurde Samtens zum MTS-Dorf ausgebaut, d.h. es erhielt eine Maschinen-Traktoren-Station. Durch die geringe Überprägung ist hier, wie in vielen anderen Gemeinden, die Siedlungsgeschichte an den Gebäuden abzulesen. So kamen zu den ursprünglichen Einfamilienhäusern solche aus den Aufsiedlungsphasen nach dem 1. und 2. Weltkrieg hinzu, anschließend kleinere Blocks in den sechzigern. In den siebziger Jahren folgten die Plattenbauten des WBS 70 (Wohnbausystem '70). Dort wurden nicht nur einheimische, sondern auch wohnungssuchende Stralsunder (mit Arbeitsplatz in Stralsund) angesiedelt. Die ländlichen Bewohner gewöhnten sich nur schwer an die damit verbundene Lebensweise, fehlten ihnen doch in den Plattenbauten Vorratsräume, Gärten und die gewohnten Möglichkeiten zur Kleintierhaltung.. - Nach der Wende entstand in extremer Ortsrandlage ein Einkaufsmarkt. Heute sind hinter diesem Markt die Grundstücke für eine Eigenheimsiedlung abgesteckt. Aufgrund des relativ guten

Zustandes der Bausubstanz hat Samtens bis heute noch 2.400 Einwohner halten können (vor dem Krieg 800, 1950: 1.600, vor der Wende: 2.800 E). Fast die Hälfte davon sind Arbeitspendler nach Stralsund. Östlich der Bahnlinie liegt das Gelände ehemaliger Service-Betriebe für die Landwirtschaft. Z.T. erfolgte eine Umnutzung der Hallen durch Baumärkte u.ä., die angesichts ihrer Dimensionen ihrerseits wieder einem Nutzungswandel unterliegen. So werden die durch Vandalismus zu Ruinen gewordenen Stallanlagen von ABM-Kräften abgerissen. Der Beton wird in einer Shredder-Anlage zerkleinert. Dies bringt neben der kurzzeitigen Beschäftigung auch potentiellen Baugrund und erspart damit die teure Erschließung neuer (Gewerbe-)Gebiete.

Poseritz

Die ehemalige LPG in Poseritz besteht heute mit teilweise neuen Stallanlagen als Agrar-GmbH weiter. Ihr Leiter ist der ehem. LPG-Vorsitzende, wie auch der ehem. SED-Parteisekretär zum Bürgermeister gewählt wurde. Gründe für diese Art der Kontinuität sind möglicherweise im Traditionsbewußtsein und im Stolz der Bevölkerung zu suchen, aber auch in dem harten Realismus, daß z.B. die Chancen auf Arbeitsplätze so am größten sind. In den hochspezialisierten LPGen hatten ohnehin nur die Vorsitzenden den Überblick über die Betriebsvorgänge, und ein Traktorfahrer oder Melker hätte nicht die Erfahrung gehabt, den neuen Betrieb effektiv zu leiten. Ein Wohnblock ist als Landhotel hergerichtet, das gleichfalls Agrar-GmbH gehört.

Garz

Der slawische Burgwall bei Garz stammt aus der Zeit von 850-950. Nicht zuletzt durch seinen Baumbestand hebt er sich aus der Landschaft heraus. Er hat keinen pleistozänen Kern, wurde also in seiner vollen Größe (8 - 10 m) mit einfachsten Mitteln aufgeschüttet. Garz war Fürstensitz der Ranen (Rügener Stamm der Slawen). Hier wurde die Gründungsurkunde von Stralsund unterzeichnet. Der konkrete Nutzen derartiger Burgwälle ist umstritten. Angenommen wird, daß sie zur Verteidigung dienten, als religiöse Stätten oder auch wechselnden Nutzungen unterlagen. Der Greifswalder Professor Gerhard Katsch gründete in Garz die erste deutsche Diabetes-Klinik. Garz hat Stadtrecht, liegt aber mit heute 1.800 Einwohnern bereits unter der statistischen Stadtgrenze (1905: 2.000, 1.950: 3.200 E). In der Nachkriegzeit war - wie in vielen Siedlungen Mecklenburg-Vorpommerns - die Bevölkerungszahl aufgrund des Zustroms von Flüchtlingen und Vertriebenen aus den ehemaligen deutschen Ostgebieten am höchsten.

Putbus

Das heutige Siedlungsbild von Putbus spiegelt die Verbindung von Landschaftsplanung, Architektur und aufgeklärtem Fürstentum des letzten Jahrhunderts wider. Die Badeeinrichtungen im südlich der Residenzstadt gelegenen Lauterbach verloren zwar bald an Bedeutung durch die sich ändernden Badegewohnheiten, dennoch hat Putbus bis heute sein Image als kulturelles Zentrum der Insel wahren können. Einige der klassizistischen Gebäude werden restauriert. Die Gebäude der Bäderarchitektur werden z.Zt. restauriert, wenngleich die historische Badewanne seit ihrem Abtransport 1991 verschollen ist. - Putbus ist einer der wenigen Orte auf Rügen mit steigenden Einwohnerzahlen.

Prora

Als "KdF" (Kraft durch Freude) -Erholungseinrichtung geplant, ist der bisher von der NVA genutzte 4,2 km lange Bau des Dritten Reiches mittlerweile großenteils der Öffentlichkeit zugänglich. Das Gebäude erscheint in relativ gutem Zustand. Nach anfänglichen Diskussionen, ob das Objekt nur als Ganzes veräußert oder vermietet werden soll, beherbergt es jetzt Teilnutzer wie z.B. ein Hotel, eine Jugendherberge und die Verwaltungen mehrerer kleinerer Unternehmen.

Königsstuhl

Der Kreidefelsen bei Saßnitz zählt zu den größten Attraktionen Rügens. Er ist in sich relativ stabil, so daß die Abbruchkante recht steil ist. Niederschlagswasser dringt kaum ein, Ritzen und Spalten werden mit dem feinen Material schnell wieder verschlämmt, anders als bei Karstbildung in anderen Kalken. In regelmäßigen Abständen sind den Kreide-Kalken Feuersteinschichten eingelagert, die in den Hohlräumen abgestorbener Seetiere auskristallisierten. Die Ursache für ein solches Absterben ganzer Populationen etwa alle 5000 Jahre ist noch unklar. Die Halbinsel Jasmund war in der Weichsel-Eiszeit eine Eisscheide. Die der Kreide aufgelagerten Geschiebemergel sind daher möglicherweise z.T. Altmoränen.

Sagard

Durch eine eisenhaltige Quelle ältester Badeort von Rügen, verlor Sagard bereits um 1780 wieder an Bedeutung. An der Ortsumgehung liegt die Halle des "Königsreichssaals" der Zeugen Jehovas. Nicht zuletzt ist er baulicher Ausdruck dessen, wie heute das ideologische Vakuum gefüllt wird, das sich nach dem Zerfall der DDR ergeben hat.

VERFASSER UND HERAUSGEBER

Dr. Gertrud Albrecht, Ernst-Moritz-Arndt-Universität Greifswald, Institut für Geographie, Friedrich-Ludwig-Jahn-Str. 16, 17498 Greifswald

Dr. Wolfgang Albrecht, Ernst-Moritz-Arndt-Universität Greifswald, Institut für Geographie, Friedrich-Ludwig-Jahn-Str. 16, 17498 Greifswald

Prof. Dr. em. Bruno Benthien, Gerdingstr. 18, 17489 Greifswald

Prof. Dr. Konrad Billwitz, Ernst-Moritz-Arndt-Universität Greifswald, Institut für Geographie, Lehrstuhl Geoökologie, Friedrich-Ludwig-Jahn-Str. 16, 17498 Greifswald

Dr. Martin Bütow, Ernst-Moritz-Arndt-Universität Greifswald, Institut für Geographie, Friedrich-Ludwig-Jahn-Str. 16, 17498 Greifswald

Prof. Dr. Karl Eckart, Gerhard-Mercator-Universität - Gesamthochschule Duisburg, FB 6 - Geographie, Lotharstr. 1, 47048 Duisburg

Petra Hintze, Industrie- und Handelskammer zu Neubrandenburg, Katharinenstr. 48, 17033 Neubrandenburg

Dr. Arend Hübener, Ministerium für Bau, Landesenwicklung und Umwelt des Landes Mecklenburg-Vorpommern, Schloßstr. 6-8, 19053 Schwerin

Lukas Kaltenbach, Ministerium für Wirtschaft und Angelegenheiten der Europäischen Union Mecklenburg-Vorpommern, Johannes-Stelling-Str. 14, 19053 Schwerin

Dr.-Ing. Jürgen Klöckner, Ministerium für Wirtschaft und Angelegenheiten der Europäischen Union des Landes Mecklenburg-Vorpommern, Referat „Grundsatzangelegenheiten der Verkehrspolitik", Johannes-Stelling-Str. 14, 19048 Schwerin

Prof. Dr. Helmut Klüter, Ernst-Moritz-Arndt-Universität Greifswald, Institut für Geographie, Friedrich-Ludwig-Jahnstr. 16, 17498 Greifswald

Dr. Lydia Neugebauer, Amt für Raumordnung und Landesplanung Vorpommern, Am Gorzberg, Haus 14, 17489 Greifswald

Doz. Dr. Hans Obenaus, Universität Rostock, Institut für Verkehrswissenschaft, Korselstr. 10, 18069 Rostock

Dr. Jens Regg, Arbeitsamt Stralsund, Carl-Heydemann-Ring 67, 18437 Stralsund

Stephan W. Schmidt, Ernst-Moritz-Arndt-Universität Greifswald, Institut für Geographie, Friedrich-Ludwig-Jahnstr. 16, 17498 Greifswald

Dr. habil. Wolfgang Weiß, Ernst-Moritz-Arndt-Universität Greifswald, Institut für Geographie, Friedrich-Ludwig-Jahnstr. 16, 17498 Greifswald

FSC
www.fsc.org
MIX
Papier | Fördert
gute Waldnutzung
FSC® C083411

Kolibri 360 GmbH
Ferdinand-Jühlke-Straße 7
99095 Erfurt, Deutschland
produktsicherheit@kolibri360.de

Druck:
CPI Druckdienstleistungen GmbH
im Auftrag der
Kolibri 360 GmbH
Ferdinand-Jühlke-Str. 7
99095 Erfurt